の中を整理する片づけ

幸せがおとずれる「余白」の作り方

ミニマリストますみ

KADOKAWA

はじめに

今から8年ほど前、私は幸せになるために
人生をかけた本気の片づけをしました。

20代の10年間、足の踏み場がなく
今にも雪崩が起きそうな
いわゆる〝汚部屋〟で暮らしていて
その間は人生史上最大の暗黒期となり、
あらゆる苦悩を経験しました。

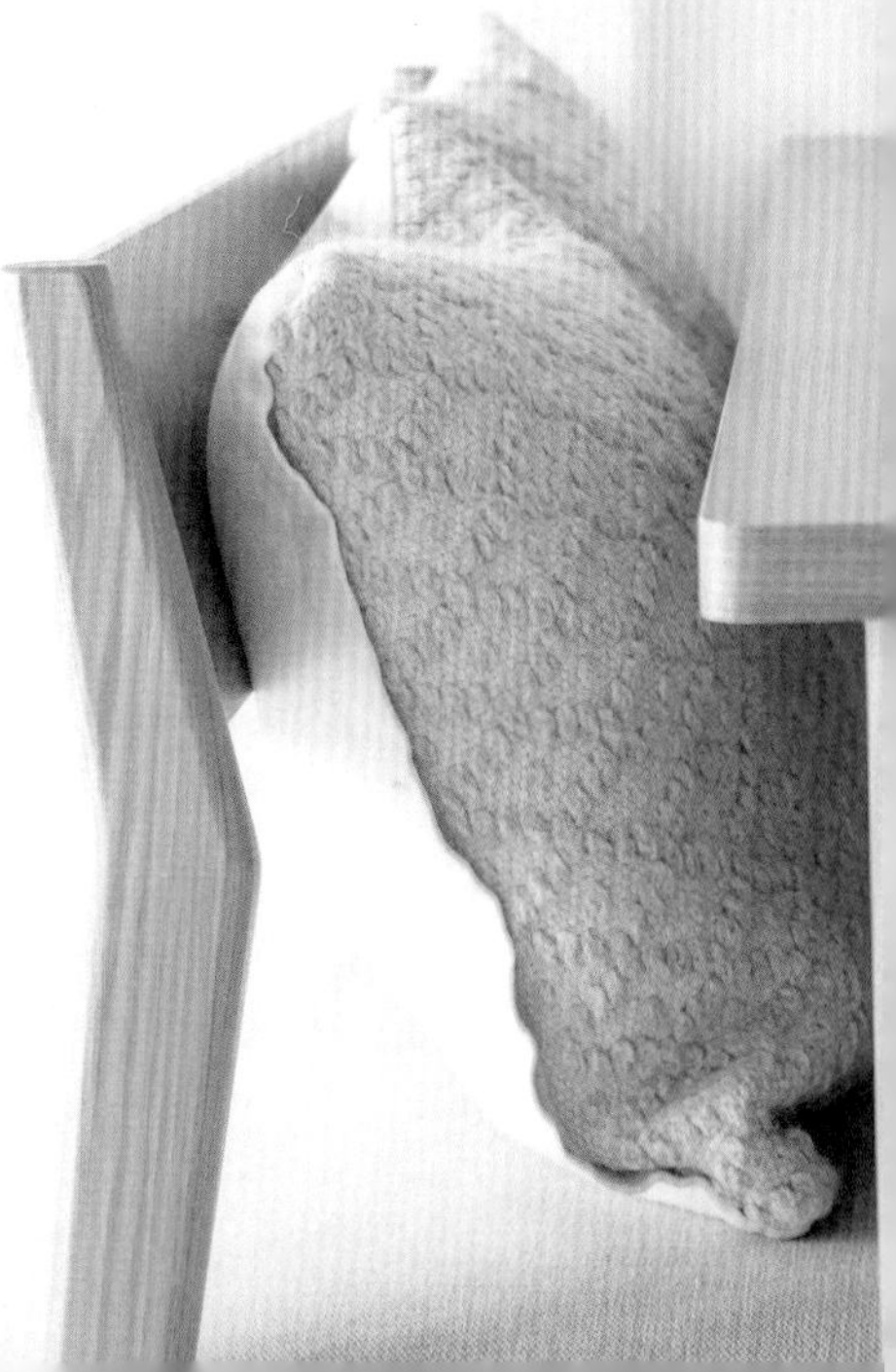

仕事はパートで生活はカツカツ。
会社ではお局の標的で毎日しんどい。
いっぱいいっぱいの育児は後悔ばかり。

ストレスを感じては暴飲暴食が常で、
体重は70キロを突破。
ダイエットに挑戦するも、毎回失敗して
自己嫌悪に陥る負のループ……。

他にも数えきれない悩みや心配ごとを
たくさん抱え、うまくいかない日々に
不満しかない人生を生きていました。

何よりも苦しかったのは、
自分のことが大嫌いなまま、
今日も1日を生きなければならないこと。

歯をくいしばるような日々の中で、
いつの間にか30歳という節目を前に
自分のこれからに絶望したんです。

「この状態のままでは、
生きていたくない」と
切実に思いました。
そして、「人生を変える!」と決心をして

半年で汚部屋の9割の持ち物を手放し、
ミニマリストになりました。

そのときの私にとって部屋の片づけは
人生を変えるための「準備」でした。
キレイな部屋にしてから、
お金の勉強や、ダイエットなどの悩みを
解決していこうと思っていたんです。

けれど、実際は手放している半年の間で
あれだけ悩んでいたのが嘘のように、
次々に問題が解決していき、

まるで別人のような人生が始まりました。

持ち物を手放す時間は、
今まで必死に隠してきたかっこ悪い自分と
向き合うことによく似ていました。

恥ずかしくて目をそらしたくなったり、
ときには涙が溢れたりしながら
〝幸せに生きるために、本当に必要か〟を
モノにも、私自身にも問い続けたのです。

1つひとつと向き合い続けた結果、

部屋の状態と同じように
頭と心の中もすっかり整理され、
生きるのが辛いほど悩み続ける毎日から

毎日小さな喜びを見つけながら、
心が幸せで満たされる暮らしに
変化していきました。

私にとっての「ミニマリズム」とは、
ただ最小限のモノで暮らすことでは
ありません。

本当に必要な持ち物を選び、生きにくくなる考え方は捨て、
共に生きたい人とだけ付き合うことや、心や頭をスッキリ整え、
幸せに集中できる生活スタイルがミニマリズムではないかと考えています。

あの頃の私のように今生きるのが苦しい方や、
日々いっぱいいっぱいで幸せを感じたのはいつだったか思い出せない方に
片づけられない・捨てられないときの持ち物との向き合い方、
毎日の悩み苦しみの取り扱い方のヒントを
当時のエピソードと共にお届けします。
一生懸命頑張るあなたの1日に笑顔の時間が増えますように。

ミニマリストますみ

もくじ

第3章 「適当」に、生きる。

ブックデザイン　吉村亮　石井志歩
(Yoshi-des.)

写真　さいとうりょうこ

カバーイラスト　大塚砂織

本文イラスト　小林龍一

DTP　三光デジプロ

校正　夢の本棚社

編集協力　深谷恵美

第1章

共に過ごしたい、持ち物。

あなたのバッグの中には、なにが入っていますか？

財布、携帯、化粧ポーチ、手帳、筆箱、などでしょうか。

これらは、モノとしては「1つ」として数えられますが、その1つにいくつもの目に見えないタスク（やらなければならないこと）が紐づいています。


「財布」を例に考えてみましょう。

まず、財布が手元にあるということは、それをインターネットやお店で探して選び、買う時間があります。

使い始めてからは、溜まったレシートを捨てる、カード類の整理をする、汚れたら手入れをする、といった手間が生まれます。

そして、モノはいつか交換すべきときがやってきますので、再び選ぶ・買うが発生します。
これだけでもたった1つの財布に対し、5つのタスクが紐づいている
ことがわかります。
これらの目に見えないタスクは、モノ1つに対して「買う・手入れす

る・交換する」の3つがセット。
最低でも「モノ1つ×3」の時間と手間が隠されているのです。

そう考えると、バッグという小さなエリアの中に、目に見えない時間と手間も一緒に詰め込まれていることがわかりますね。

「塵も積もれば山となる」という言葉があるように、この小さな時間と手間が、1日、または1週間、1ヶ月に換算すると想像以上に大きな容量になるのです。

モノが多い汚部屋時代の私は、大量のモノに付随する大量のタスクに常に疲れていました。

今考えると、目に見えないタスクによって消耗し、1日に使えるエネルギーがエンプティ状態だったのだとわかります。

モノを減らすことは、目に見えないタスクを減らすことにもつながります。なんとなく持っているモノとそれに付随するタスクに時間と心を使うことほどもったいないことはありません。

「好き」なモノだけを持ち、小さな時間を大切にすると、1日の中で使える時間やエネルギーが捻出され、心と体にゆとりが生まれます。

よく使う身の回りのモノは、自分にちょうどよい量や、心地のよいモノの種類を理解するためにぴったりの練習場です。

そもそも心地よさは、人それぞれ違う感覚が備わっているし、そのときどきで変化するもの。ベストな持ち物を見つけるのは、なんだか難しいことに感じますよね。

私は、迷ったときはとてもシンプルに「今日1日を心地よく過ごせる持ち物はなんだろう?」と考えて答えを出します。

先のことを考えると備えたくなるし、過去の経験を思い返すと多いに越したことはないような気がします。でも、それらのほとんどは、日の目を見ずにただ存在しているだけのモノだったりします。

1日を心地よく過ごすために必要なモノは、実はそんなに多くはありません。今日の積み重ねが1週間、1ヶ月、半年、1年と積み重なっていく。そして、その毎日を振り返ったときに、幸せに生きてこられたかどうか、ほんの少し答えが出る。

だから、とことん今日1日にこだわりたい。

そう考えると、バッグに入れて何を持ち歩くのか、生活の中で存在する持ち物が活躍してくれているのか、これからも一緒に生きていきたいのか、それとも、そろそろお別れするタイミングなのか、自分の力で答えを出せるようになりました。

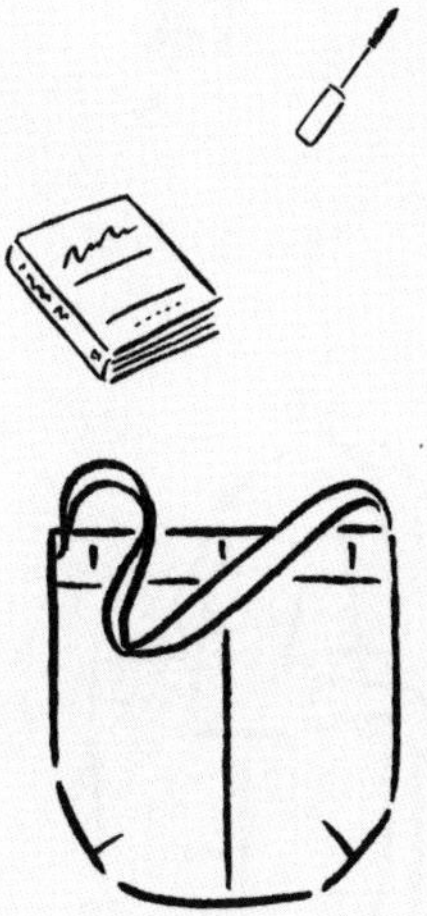

バッグの中は、宇宙です。

忘れもしません。途方もない汚部屋の片づけの第一歩は、バッグの中から始まりました。大袈裟に聞こえるかもしれませんが、あのとき他の場所から手をつけていたら途中で挫折して、今でも汚部屋に暮らしていたと思います。

その日私は、ゴチャゴチャの汚部屋の中に立ち尽くしていました。もうこんな人生嫌だ、と思って「人生を変えるために、まずは部屋を片づける！」と意気込んだはいいものの、どこから片づければいいのか、なにを捨てればいいのか全くわからず途方に暮れて再び挫折しそうになったとき、まるで神様のお告げかのように、いつも見ているユーチューブの「バッグの中身／What's in my bag」シリーズが頭の中に浮かびました。

その動画は、名だたるユーチューバーの方々が仕事やプライベートなどで使用しているバッグとその中身を紹介するというもので、今をときめく女性たちがどんな持ち物を選び、どんな風に収納しているのか、ワクワクしながら見ていました。

特徴的なのはみなさんそれぞれに「なぜこれを持っているのか」「どんなシーンで使うのか」「どこが好きなのか」をしっかりと語っているところ。私はといえば、セール中になんとなく買ったバッグに、一部はよく使う持ち物、他はなんとなく入れているものや、えたいのしれないものも（笑）。そして「好き」を理由にした持ち物は1つもない。

この小さなテリトリーでさえも管理できないのに、部屋をまるごと片づけるなんてハードルが高すぎる……と気がついて、まずはバッグの中という小さなスペースを、ユーチューバーのみなさんのように好きで溢れる空間にしてみよう！　と思い至ったのでした。

いきなりバッグを買い替えるような荒技ではなくて、まずはその日1日使わない持ち物をバッグから出す。レシートやゴミを捨てる。「なんとなく持ち」をやめて、自分にとって本当に必要な持ち物を本気出して考えてみる。

そのときできる最大限の整頓でも、これからの片づけの軸となる要・不要に触れたような気がしました。

スッキリとしたバッグの中を眺めて、擦り切れたポーチを、しまっていたとっておきのものに替えて、丁寧に1つひとつを入れ直してみました。

すると、これまで感じたことのないワクワクが胸いっぱいに広がりました。

これが、私にとって初めての成功体験。小さなスペースでこんなに楽しいなら、部屋全体を片づけたらどんなことが起こるんだろう？　と、初めて片づけを前向きに想像することができました。

それまでの片づけといえば「やらなきゃいけないこと」。それがバッグの中身の片づけを通して、「やりたいこと」に変わり、一気にやる気に火がついたのでした。

あのときの私のように、途方もない片づけに頭を悩ませている方は、是非一度ユーチューブの「バッグの中身／What's in my bag」ごっこをしながら、ご自身のバッグの中身と向き合ってみてください。

そして、徹底的にバッグの中身を整えてください。この小さな成功体験が、片づけることのメリットや喜びを存分に味わわせてくれて、モチベーション、やる気0を1にしてくれます。

「やらなきゃいけないこと」では修行のようになってしまい、ただでさえ忙しい日常生活の中で続けることはできません。できる人もいるかもしれませんが、私は10年間、「片づけしなきゃ」と思いながら、何百回、何千回と挫折をしていました。それが、バッグ1つの成功体験で「やりたいこと」に変わった途端、半年で9割の持ち物を手放すことができたのです。

今では、私のバッグの中は、あのとき繰り返し見ていたユーチューバーたちのように「好き」が理由で持つものだけが、スッキリと定位置に並びます。その状態は部屋のすみずみまで拡大し、思いがけず頭の中まで整理されて、人生には「好き」が理由のモノだけが残りました。

ここまでの変化を起こしてくれたバッグの中身。小さな始まりが全てになる。まるで宇宙のビッグバンみたいなものですよね。

あなたも是非、楽しい片づけの第一歩となるビッグバンを体感してください。

千里の道も一歩から。
小さなスペースで片づけを成功させたら
あとはそれを拡大していくだけ。

身軽に出かける、バッグの中身

私のバッグの中身は、いつも同じです。小さな手提げバッグに、財布、鍵、スマホ、手帳、ペン1本のみ。息子を保育園に送るときや近所に買い物に行くだけなら、これしか持ちません。この手提げバッグをバッグインバッグにして、ちょっと遠出するときはトートバッグにイン。そこには、ノートパソコンと充

電器、必要があれば折り畳み傘、化粧ポーチを入れています。

私の仕事はフリーのライターで、その傍らインスタグラムで発信活動もしています。仕事の修正対応や、突然浮かんできたネタを書き留められるよう、数時間の外出でも持ち歩きたい必須アイテムをバッグに入れています。

なので、これらがあればお出かけだけでなく仕事もできる。あとは下着1枚追加してトートバッグをリュックにすれば旅にも行けるな、という感じです。

事実、旅に出るときは下着1枚しか持っていきません。その他の荷物は、いつものバッグの中身と同じです。たとえそれが何泊であろうとも。

嘘でしょ？　と思うかもしれませんが、つい先日も1泊2日の旅行に、愛用するリュックで中身はそのまま、下着1枚をプラスして出発。無事に帰還しました。

なぜここまで荷物を少なくして、旅に出るのか。それは、心の底から旅を楽しむためなんです。

私にとって旅に出るのは、とても特別なこと。数ヶ月前から計画して、年に数回行けるかどうか。そう考えると、人生の中でもそう多くはない特別な経験です。

だからこそ、昔はとにかく荷物が多かった。空港に舞い降りる芸能人のごとく特大キャリーケースを転がし、背には裸の大将みたいなリュック（本当に似てるデザインだった）、肩にはショルダー。ぱっと見たら、どこかに長期滞在しに行く人みたいな物量で、ゼェハァしながら移動するのが昔の旅でした。

楽しみたいからこそ、このシーンではこう過ごしたいとアレコレ衣類を詰め込み、トラブルが起きても対処できるように想像力を働かせていろいろと備えるのだけど、結果的に荷物の重たさ、移動のしにくさが、旅の楽しみを半減させていた……。

まず、準備が面倒です。出発したらしたで、駅ならロッカーを探さなければならないし、空港なら荷物預け入れの行列に並ぶことになり、明らかに時間のロスです。ホテルに着いたら荷解きし、最終日にはまたパッキングして、その度に面倒。まさに、冒頭にお伝えしたモノとタスクの不都合です。

さらに、よく「消費カロリー＝重量×時間×距離」と言われますが、荷物が1キロ増えるごとに同じ移動でも疲れが増します。その証拠に、せっかく旅に出たというのに景色を楽しむ余裕すらなく、内心「これなら家にいたほうがいい」と思う自分がいました。

ミニマリストになってから初めての旅行で、京都に行くことになりました。

このとき、実験を兼ねて最小限の持ち物で旅に出ることを決意！　4泊5日、10月の京都へ、いつもと同じリュックの中に下着だけ追加して旅立ちました。するとどうでしょう。困ることは1つもなくて、むしろとても快適！　移動・荷解き・荷造り全てにおいてラクで、この身軽さがやみつきになりました。これまでは荷物の多さが旅のハードルを最大限に上げていましたが、それが近所の楽しい散歩レベルに気軽なものになりました。

着替えはどうしているのかというと、主にコインランドリーを利用します。学生時代の制服のイメージで、直接肌に触れる衣類だけは毎日洗濯するけれど、外側に着る服は2〜3日に1回ほど。ちなみに、事前にランドリー付きの宿を調べて予約して、洗濯の間はホテルのルームウェアを着ています。

服本体を洗うときはランドリーですが、下着や肌着や靴下は部屋でシャワーに入るとき、ついでに手洗い。乾きやすい素材のものにしているのでキュッと手で絞って浴室乾燥機か暖房の近くに干しておけば、朝には乾いています。

これまで一度も困ったことはありませんが、万が一足りなくて困ることがあれば、旅先で買い足せばいいと思っています。

この話は「だからみんなも下着1枚で旅行に行ってみようよ！」と誘っているのではなくて、工夫次第で旅の持ち物はグンと減らせるし、身軽さは旅の楽しさを倍増させてくれるということです。

持ち物だけを備えとするのではなくて、想定されるトラブルを乗り越えられるアイデアを頭の中に携えていく。「これが足りなかったら、どうしよう」は、ほとんどが旅先で買うという選択肢で解決できるし、衣類はどう着るかを工夫すればいいのですから。

ヘアメイク用品についても、基礎化粧品はたいていのホテルに備わっていますし、もしなければ、コンビニでも買えますし。

私は普段ヘアアイロンを使って髪をセットしますが、旅の間はゆるく三つ編みにして寝て、そのウェーブを利用してセットします。

いつもと同じ道具を使い、いつもと同じ姿になることが必須条件だったあの頃は、おうちまるごと持って行くかのごとく荷物が多くなっていました。ところが「三つ編みウェーブだって悪くない」「毎日同じ服でいいじゃん」と思えたら、そのぶん荷物を手放せました。そうやってリュックが軽くなるごとに追われるものがなくなり、心にゆとりが生まれました。その場、そのとき、その一瞬を楽しめるようになって、それまで感じなかった感情や感動に気づけるようになりました。これが「余白」ということなんじゃないかなと思います。

楽しむことが一番大切になって、軽い足取りでそこにしかない美しさを発見する。おかげで新しい自分に出会う。トラブルが起こってもドラマが増えたと思える。これらは日常生活でも全く同じだなぁと、今、実感しています。だから言わせてください。持ち物を見直すことは人生を変える第一歩だと。

旅を心から楽しめる量で家を出よう。
〝なんとかできる〟と思っていれば
本当に、なんとかなる。

美しさを彩る、余白

増やす、加える、足す。汚部屋時代に大好きだった言葉たち。なにかをよい方向に変えるためには、この方法を加える必要がある。部屋を整えるのであれば、この収納を増やせばいい。ここにこのインテリアを足せば、美しくなる。なんでか100％これらの考え方に絶対的な確信があったので、とにかくよさそうな物事を探しては増やし、見つけては加え、汚部屋に悩む私が誕生した

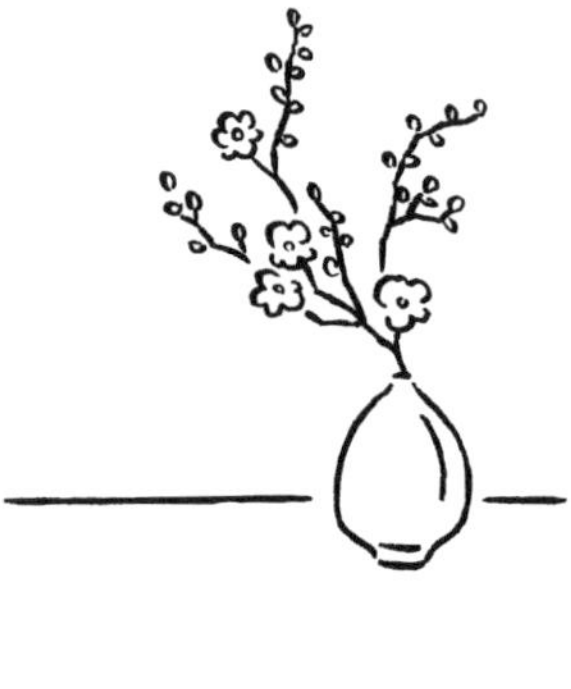

のでした。

そんな私だからこそ、ミニマリズムの考え方は衝撃的で「減らす!?　少ないことのメリット!?　なんのこっちゃ」という感じでした。

生まれてこの方知らなかった世界に驚きつつも、これまで散々増やしてきて、うまくいったためしがないのだから、ここはひとつ減らすということに果敢に挑戦してみようじゃないのと思ったのでした。

最初はそれはそれは怖かった。自分がそれまで執着してきたいろんなことを、モノが消え去るのと同じく、失ってしまうようで。

だから最初はおそるおそる、どんな感じ?　ほんとにいいの?　と疑いながら、バッグの中身を整理整頓することで試してみたというわけです。

すると、その小さな空間での体験から、大きな学びを会得。それまでギュウギュウ・所狭しの状態に美徳を感じて生きてきた私が、ほんの少しの余白に、なんともいえぬ爽やかな風を感じました。ギュウギュウよりも見た目がキレイ。所狭しと並べるよりも、出し入れしやすい。減らすメリットってこういうこと⁉　それまで感じたことのない快感を覚えたのでした。

小さなバッグでもこんなに快感があるのなら、部屋全体に広がったらどれだけ感動的だろう？　と、片づけのモチベーションまで上げてくれた余白。確かに、尊敬するミニマリストさんたちがおっしゃる、なにもない空間の美学というのはすさまじい力を秘めているのかもしれない。それまでの絶対的な確信を揺るがす大きな出来事となってから、私は次々に余白の美しさと遭遇していきます。

バッグの中身を整理整頓してから1週間ほど経ったある日、開け閉めに支障が出るほどだった引き出しの中身のほとんどを手放しました。これから幸せに生きていくために、本当に必要なモノという基準で残したのはペン数本のみ。横幅80センチの引き出しにはこの数本しか入れるものがなくなりました。

お！　これはかねてから憧れていた、引き出し内の持て余す空間だ！　この中に尊敬するミニマリストさんたちのように、ショーケースのごとく並べるときがきたぞ！　と思いました。

そして、実際にやってみると、すごかった。まるで小さな世界に、アート作品を見たという感じ。だって、本来であれば、いろいろと持ち物をしまいこめるのに、あえて入れずに、手元に残すと決めた持ち物だけを、ものすごい間隔を空けながら並べて置くだけなんですよ。こんな日が来るなんて！

引き出しはスーッと本来のなめらかさで開き、その中にある世界は、広い空間の中に、等間隔に並ぶペン、ハサミ、のり。

めちゃくちゃ現実的な持ち物をただ並べているだけなのに、なにかの芸術作品か、文房具の広告か、という美しさを体験したのでした。いわずもがな生活もしやすくて、たとえば以前は何か1つ取り出すのにもゴチャゴチャからの発掘作業だったのが、ただそこにある1つを手に取るだけになりました。余白のある暮らしの気持ちよさに、やみつきになった私。

この経験によって、片づけの最中に「使うかもしれない」とか「まだ使える」といった曖昧な理由で残しそうになったときに、余白が背中を押してくれて手放す勇気をくれました。

それから片づけを進めるときは、どの持ち物を片づけるにも、余白を残してキレイに並べることをセットにして進めていくようになりました。そのためには、使うスペースを腹八分にする必要があり、本当に必要なモノ以外を手放す潔さを身につけることで可能になります。

バッグと引き出しから始まった、私の余白体験。今では家全体に広がって、クローゼットはお店のディスプレイのように服が並び、テーブルの上はレストランのように季節のお花が飾られ、部屋全体は夫と選んだ木を基調とした家具が配置されています。

素敵な空間を作るには、何かを増やす必要があると思っていたけれど、何もない余白の空間にも素晴らしい美しさがありました。

余白は存在感があり、美しい。
広がれば広がるほど
心にもゆとりが生まれる。

私の持ち物

私の今の普段の持ち物はこれだけ。日常の買い物や、近所のカフェで一息つくときは、上の手提げバッグだけを持ち歩いています。

仕事のときは、パソコンを使うのでPCが入るトートバッグに手提げバッグをそのまま入れて使っています。

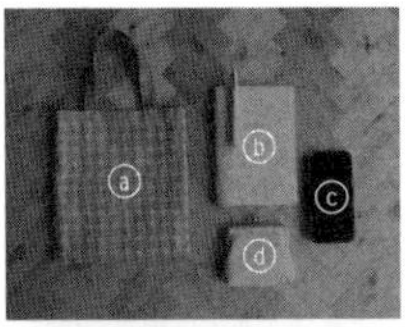

(上)
ⓐお気に入りの手提げバッグ
ⓑ手帳とペン
ⓒスマートフォン
ⓓお財布

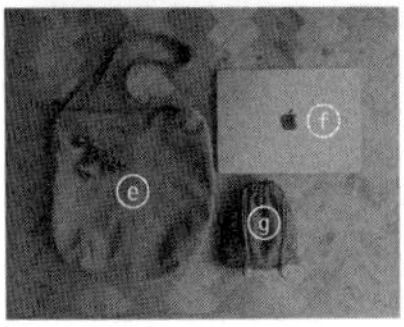

(下)
ⓔ大きめのトートバッグ
ⓕパソコン
ⓖ充電器などをまとめた巾着

おさんぽ手提げバッグ

お仕事トートバッグ

パソコンを持ち歩くときは、お仕事トートバッグにおさんぽ手提げバッグをそのまま入れるだけ。

普段使う
コスメは
これだけ。

シンプルだからこそ、丁寧にメイクができます。入れている
ポーチ（巾着）も手仕事で作られたお気に入りの品。

私の１年間の
ワードローブを
おさめた
クローゼット。

たったこれだけだからこそ、
自分で繕いながら大切に着
ています。

家族との思い出の
詰まった裁縫箱。
箱も中身も思い出
の品です。

選ぶのは結局いつも同じ服

私、女優でした。だって、体は1つしかないのに、200着以上の服の前で「着る服がないわね」って毎朝悩むのが恒例だったんですよ。

一応何着かは袖を通すのですが、不満そうな表情。少しの沈黙のあと「コレにするわ」と選ぶのは、結局いつもと同じ服。そして、自分で選んだのに着用中も小さな不満がいろいろ。

大好きな映画『プラダを着た悪魔』の中で、鬼のような編集長ミランダが表紙でモデルに使う衣装を選ぶ際に、腕利きのスタイリストたちがあくせく選んできた鮮やかな洋服たちを前に「ろくな服がないわね」と涼しいお顔で言い放つシーンを見たとき、まるで毎朝の私みたいだなと思ったことがあります。

そもそも服の役割って、寒暖に適応するとか、目の前にいる人への最低限の礼儀を表現するとか（裸ではちょっとね）、そういったことが根源ですよね。とてもシンプル。

それをどうしてここまで難しく考えて、シンプルな役割を十分に果たす衣類が200着以上も揃っているのに「着る服がない」だなんて思っていたのか。

話は幼少期の頃まで遡ります。もともとは年中ジャージでOK、ときどきワンピースが着れたらハッピー！　という超絶シンプルな少女だった私。

小学校高学年の頃、少女漫画の世界にどハマりします。キラッキラの瞳の少女たちは、現実世界では見たことのないとびっきりの1着を、日常的にお召しになっている。

「素敵……！」と私まで瞳をキラキラ輝かせて、何度も繰り返しその世界に浸りました。小さいお顔、大きなお目目、カモシカのような長くて細い足、まぶしいほど光を放つ美しいヘアー。

漫画を模写して描きながら、あることに気がつきます。「私、この女の子たちの要素、なにも持ってない」。その頃から、鏡の中に写る自分のことを見る目が、少しずつ変わり始めました。「目が小さすぎる」「こんなところにホクロがある」と、比較によるコンプレックスみたいなものが芽生えたのでしょう。

中学生になり、大人の女性へと一歩近づいたある日、生まれて初めておこづかいでティーン向けのファッション誌を買いました。あの日の胸の高鳴りは今も忘れません。

ドキドキしながらページをめくると、またもやキラッキラの世界に驚きと感動を隠せず、思わず声を上げた一言が「え、この子も中学生なの⁉」。

そう。当時の私の中の女子中学生といえば、素朴さの残るあどけない笑顔で、すっぴんの黒髪。おしゃれだと評判の友達が、流行りのスポーツブランドのTシャツに当時ブラピ様ご出演のＣＭのデニムを合わせたコーディネートをしていて、自分とのセンスの差にがく然としたばかりの私にとって、東京発・最新鋭のファッションに身を包む同世代とは思えないキラキラ女子たちは、先を行きすぎて浮世離れして見えたのでした。

が、繰り返し見ていると、目は慣れてくる。おしゃれな女の子とはこういうものかと着実に新たな価値観として構築されていき、「女の子に生まれたからにはココを目指さなくては」と謎の使命感に包まれて、どうやったらこうなれるのかと勉強よりも熱を上げ、研究員のように真面目な分析を始める始末。

キレイな肌、ぱっちり二重の大きな目、ツヤツヤストレートの髪、すらっと細身の女の子が、実物を見たことがないブランド服に身を包み、とびっきりの笑顔でこっちを見ている。鏡の中の私といえば、頬やおでこに思春期特有のニキビが出始め、奥二重の目に、強い癖毛で、ぽっちゃり体型。

初めて雑誌を手にした日から少し経ち、母にストレートアイロンをねだって買ってもらいました。今でこそ手軽に品質のいいアイロンが手に入りますが、当時は美容室でプロだけが使えるもので、家電量販店で買ってもらったそれは、温度が低くなかなか強い癖はおさまらない。1時間以上も洗面台の前で悪戦苦闘する姿を見て、母はどんな気持ちだったのでしょう。

たくさん服を持っているのに、着る服が見つからないのは、誰かになろうとしているから。私の場合はファッション誌の中の美しい女性たち。そして、その女性たちとの違いを誰かに気づかれることが怖くて仕方がないから、たくさん服があっても満足できる1着が見つからない。

心も体も覆い隠せる服を探し続けた結果、200着もの服たちが狭いクローゼットの中にギュウギュウに詰め込まれ、役割を果たす日を待っている。

「服を着る」、このシンプルな行動をここまで難しくさせるのは、服をまとう本人の意思とかアイデンティティーが軸ではなく、ただキレイに見られるか、痩せて見えるか、それぱっかり考えているから。つまり、見栄です。

寒暖から身を守る、それだけでいいじゃない、とは思いません。たとえば、やる気が出ない日に、スイッチを入れてくれる服。ずっと行きたかったカフェで、コーヒーを飲むときに着たい服。子どもと公園に行って、思いっきりはしゃぎたい日の服。ただシンプルに、自分自身がどんな服を着て、どんな1日を過ごしたいのか。服を選ぶ基準は、これだけでいいじゃないかと気がつきました。

雑誌の誌面で見た美しい女性にならなくても、人から「キレイ」と称賛を浴びなくても、「私はこれが好きだから」「こんな1日を過ごしたいから」という気持ちでいられたら心が満たされることを知りました。

人生が1本の映画だとしたら、誰かのことばかり考えて選ぶ服は、主役の衣装ではありません。私のために、着たい服を着る。観客やファッション評論家の目線はいったん無視して、私は私の物語を生きればいい。

着る服がないことに悩むときは、是非一度、日常を映画のワンシーンのように思い浮かべて、主人公が着ている服を妄想してみてください。

どんな表情をしていたい？　背景はどんな場所？　どんな小道具がある？　そこにマッチするのはどんな服？　色は？　素材は？　デザインは？　……と妄想しながら、私は月イチくらいで手帳に描いています。

現実的に考えるとつい余計なことを考えてしまいますが、ただ着る本人が、楽しそうに幸せな時間を過ごすときに着る服をシンプルに考える。

それこそが「これさえあれば幸せ」な1着と出会うための第一歩です。

万人受けより〃私受け〃。
服選びの正解は、
今日1日を心地よく過ごせるかどうか。

「着る服がない」からの卒業

そんなこんなで、服を着る理由が、手帳に描く自分のように楽しく過ごすことと一択になったので、天気や過ごし方を基準に数枚の中から迷わず選べるようになりました。200着あった時代に比べてかなり明確になったわけですが、仕事・育児・おうちでダラダラ（笑）など、多種多様なシーンを生きるが故にクローゼット作りは割と最近まで変化を続けていました。

ミニマリストになってから8年の間、最も服が少なかったのは汚部屋を卒業してからおよそ1年後のこと。あの頃、どこまで減らすと困るのかがわからなくて、実験も兼ねて「この枚数で大丈夫だから、もう1枚減らしてみよう」とあまり深く考えずにポイポイ手放していきました。

結果的になんと、全4着にまで減り、しかも同じ種類の服が2セット。当時大好きだったユニクロのワッフル素材の七分丈トップス×2、デニムスカート×2で暮らしてみました。

周囲からは「この人毎日同じ服を着ているな。いつ洗濯してるんだろう?」と思われていたに違いないと思います。でも、本人は至って満足&快適。おまけに、毎日洗濯で翌日には乾いているから、もう1セット減らしてみようかな? と新たな挑戦すら目論んでいる状態。

もうそこまでいくと、人生を変えるために始めたはずの片づけが、どこまで減らせるのか、憧れのミニマリストのようにやってみたい！　というのが最大の目的になっておりました。

200着も服を持っていて、着る服がないと思い悩んでいた頃から、着ない服をどんどこ減らし、「クローゼットが使いやすい→お店のようにスッキリしている→少なくても暮らせている自分」という順に、減らす快感に酔いしれていた私。

自分にとって快適な服として会社にも着ていける、子どもと元気に遊べる、素材やデザインが好み、という点では条件を満たしていたし、だからこそここまで減らせたのですが、肝心の「自分らしく、おしゃれを楽しむ」という感覚はどこか置き去りになっていました。

確かに困りはしないけれど、次第に「おしゃれして、こんな過ごし方をしたい」という、大好きな妄想をすることがなくなって、自分自身にマンネリを感じるようになったのです。

ある日、私が住む北海道の「札幌芸術の森」という歴史ある美術館で、かねてから尊敬している有名な彫刻家の作品展が行われることになりました。
「あの方の作品を、この目で見られるなんて！」と心底感動したのですが、美術館を訪れる日の朝、こんな特別な日に何を着て行こうとウキウキした後のクローゼットで「どうせ同じだし、これでいいや」と思いました。そしてそのときヒヤッとして、この感覚、200着服があるのに、「着る服がない」と思っていたときに、すごく似ているなと感じたのです。

服がたくさんあったときも、極限まで減らして暮らしているときも、共通しているのは「困りはしないけど、楽しくはない」というところ。

衣類を極限までシンプルに定義して「寒暖に適応できればいい」という境地を楽しめる人にとっては、少ないことがベストでしょうが、衣類におしゃれを楽しむ要素も期待する私にとっては、ただ少ないことに重きを置いてクローゼット作りを考えるのは、少々ハードルが高いものがありました。

一度ギュウギュウのクローゼットを経験し、そこから最小限の枚数まで減らしてみて、クローゼットの両極端を行き来したおかげか、誰しもそれぞれに「ちょうどよい量」が存在するということに気がつきました。誰かにとってはこれくらいがベスト、でもそれが自分にも当てはまるとは限らない。

以来、私のクローゼットは、おしゃれで動きやすい服、とびっきりの服、ややフォーマルな服、の3パターン、合計10着ほどで定着しています。

季節ごとのトップス2着、季節を通して履くスカートとズボン（おしゃれで動きやすい服）、異なる素材のワンピース2着（とびっきりの服、ややフォーマルな服）。あとは、冠婚葬祭用の服（ややフォーマルな服）です。

美術館ヒヤッと事件のあと、おしゃれで動きやすい服の他に増やしたのが、とびっきりの服。特別な場所を訪れるときは、迷わずコレ！　と手が伸びる服を妄想して、選んだ1着のワンピースです。

とびきりの服とは、値段が高いかどうかではなく、楽しみの時間を彩ってくれるテンションの上がる1着。全体の枚数が少ないので、特別な日以外にも割と日常的に登場しますが、それでも、素敵な場所に出かけるときのおともが増えた毎日は、ただ単に少なさにこだわっていた頃よりも、格段に楽しみが増えました。

そして、現在2歳になる次男が誕生し、仕事復帰を控えて、ややフォーマルな服も加わり、現在のクローゼットに安定しました。

ここで一番お伝えしたいことは、世の中に溢れるハウツーに沿ってクローゼット作りをすることだけが正解じゃないんだよ、ということです。人によって必要な種類や枚数は違うから、最適解を探るときは、自分が今どんな暮らしぶりで、どんなことに快・不快を感じるのかが最大のヒントなんです。

現に私は、汚部屋時代の10年間、たくさんのハウツー本を見ては収納を増やし、コーディネートを考え、あくせくやってみましたが、全敗。プロが推奨する方法を取り入れようとしても、うまくできない自分に落胆しては、状況を打破できずにずっと同じことで悩み続ける毎日。

それを脱したのは、これまで考えてもみなかった「私ってどんな暮らしをしていて、どんな服を着ると嬉しくなって、どんな服だと着心地がいいと感じていただろう？」という自分に対する問いかけでした。

失敗していたときはいつだって、それを無視して情報にばかり目を向けていました。自分の声に耳を傾け、自分の頭で考え、工夫するということが皆無だったのです。

もちろん、すぐにうまくできたわけじゃなく、前述したとおり減らしすぎて失敗もしましたが、そのおかげで「減らしすぎると、こういう気持ちになるんだ」という、これまで知り得なかったことを理解するよい経験になりました。

だから、これからクローゼット作りをする方は、まず初めに「どんな服が、何枚あると快適かな？　この服で楽しく暮らせるかな？」とゆっくりご自身と対話してみてください。そうすると、本当の意味で自分が望む服や、それが並ぶクローゼットの様子がリアルに想像できるはずです。仕事専用の衣類が必要な人は、少ないことを優先しすぎると不便になるかもしれないし、そもそも仕事によって服装も変わるでしょう。キレイめの服が好きな人でも育児が始まると、ヒールの高い靴では一緒に走り回るのが難しい。カジュアルなコーディネートのよさを見つけられるかもしれません。私のように手帳に書くのもおすすめです。

そして、実際にクローゼット作りを始めるときの心得として「失敗してもいい。それがヒントになる」ということも忘れないでいてください。いずれにせよ、一度安定したクローゼットも、仕事が変わったり、子どもができたりして、ライフステージによって変化することもあるのですから。

地球上に数えきれないほど存在する服の中から、自分に合う服を見つけ出すのは宝探しのようなもの。それくらい奇跡的な出会いが待っていることを楽しみに、ちょっと違ったなと思っても「また一歩近づいたな」くらいに捉えて、そこに向かう道すがらも、楽しんでいただきたいと思います。

私は、現在も年間10着以下の服たちと、毎日楽しく暮らしています。
1着1着が大好きな服である喜びと、少ない中から選ぶ楽しみの両方を味わえるようになりました。

この日々の積み重ねが、いつか年齢を重ねた日に振り返ると、人生という壮大なストーリーになる。どの世代の自分を振り返っても、自分が好きな服を着て、いきいきとした姿を見られることを楽しみにしています。

ぴったりの1着は宝探しのようなもの。
楽しんで探して、出会えたら
素敵な場所に出かけよう。

その日の服を選ぶには

毎日着る服を選ぶとき、私は「TPO・気分・気温」この3つの基準で決めています。他のことは、いっさい考えません。

その「他のこと」というのは、キレイに見えるか？　痩せて見えるか？　ダサくないか？　トレンド感があるか？　などなど、過去の私が最も気にしていたこと。今考えてみると、それらを100％叶える服を毎日違うコーディネートで着こなすなんてお抱えのスタイリストでもいない限り、無理な話です。

このシンプルかつ潔い答えにたどり着くまでに10年以上も時間を費やしました。

そもそも、キレイに見えるか？　ダサくないか？　なんてことはコントロールすることのできない他人様の目線だから、気にしなくていいのです。たとえそれを叶えたとして、誰が得するんだろう？　いやそもそもみんな忙しいから、誰も私のことそんなに見てやしない（笑）。

その証拠に、ミニマリストになって過去イチ服が少なかったあの頃、毎日同じコーディネートで半年ほど会社に行きましたが、誰にもなんにも言われなかったし、それによって人間関係やキャリアに何の影響もございませんでした。

ということで、TPO＝Time（時間）・Place（場所）・Occasion（場面）

に沿って考えると、今の私は家で仕事、家でゆっくり、家族でお出かけ、のどれか。

気分は主に仕事の日に重要で、気合を入れたい日なのか、リラックスして仕事したい日か。

そして気温。私が住む北海道は、この原稿を書いている5月は特に寒暖差が激しく、最低気温4度の日もあれば、最高気温22度の日もある。今朝も支度をするとき真っ先に気温を確認しました。

そして大事なのが、選んだ服を着た後に、自ら積極的にそのコーディネートに満足すること。

昔の私はその真逆で、「ダサいかも。太って見えるかも。似合ってないかも」と永遠にあら探しをしていました。自分で選び、それを着ると決めたのに、次の瞬間から他人様の視線ばかりを気にし始める。だからいくら買っても満足できないし、たくさん持っているのに、毎朝選ぶことに苦戦する。

結果がどうあれ、そのとき出した答えがベスト。その選択が正しいと自ら納得して1日を過ごす。もっとおしゃれな人になるために、今の自分に足りないところや、直さなくちゃいけないところを1個1個見つけることよりも、幸せになるために大事なことがあったんですね。

自分で、この選択が最適解だと決める。
好き、最高、かわいい！　と積極的に楽しむと
大好きな1着へとグレードアップ。

買う服をマニュアル化してみた

少ない服で満たされるようになった理由の1つに、服をまとうことに2種類のテーマを掲げたことがあります。

1つめは「有限である人生の今日1日を、とびっきりおしゃれをして過ごす」。もう1つは「毎日頑張って生きている自分を労う、リラックスデー」。

汚部屋時代は、他人様の視線を気にしていたくせに、結局、毎日のように後者の「リラックスしてOK!」が先行して、部屋着同然で毎日を過ごしていました。確かにラクで着心地もいいですが、それだけではおしゃれの楽しみは味わえない。写真に写る自分を見たときガッカリして「いつかおしゃれになりたい」という未来志向の願望が生まれる。そしてまたそこに向かって別の服を探し始めて失敗するという負のループでした。

ミニマリストを目指すときに、このループを打破するため「私はどんな服を着ると、心から満足できるのだろう?」と考えてみました。

まず初めにハッキリとわかったのは、私の中にある「おしゃれの基準」は、流行しているファッションを追うことではないということ。移り変わりの早いトレンドを追って、新しく購入したアイテムと今持っている服を組み合わせて毎日コーディネートを考えるのはすごく難しい。であれば、自分の中に普遍的なおしゃれの基準を見つけて、それに合う「これさえあればOK」という1着を数種類揃えたいと思いました。

その1着を見つけるのも、ひたすらに自分との対話で、どんな服をおしゃれだと思っているのか、その服を着て日常生活を快適に暮らせるのか、深掘りしていきました。

当時の私は、自分が本当に好きなファッションがわからなくなっていたので、街中や会社で「素敵だな」と思う人を見かけたときに、どこが素敵だと思ったのかをスマホなどにメモすることを始めました。公園で見かけた小さなお子さん連れのママを見たとき「着心地のよさそうなワンピースを着ていて素敵だな」とか、会社では似た雰囲気のフォーマルな服装の人たちがたくさんいる中で「この人はいつも清潔感があって素敵だな」などと、ちょっとでも心が動く瞬間を見逃さずに記録します。すると、ある程度たまってきたメモを見返すと、自分だけの素敵ポイントがなんとなくわかってきます。

そこで明らかになったのは、圧倒的にスカートを履いている人が多かったこと。そして、年齢性別関係なく、笑顔で楽しそうにしている人を見かけると「素敵だ」と思っていることに気がつきました。

ファッションの概念が、身につけている服とかアクセサリーだけじゃなくて、その人全体の雰囲気も合わさって1つのスタイルになっているのだと発見がありました。だから、とことん自分の「好き」と「心地よさ」をおしゃれの基準にしていこうと決意したのでした。

新たな概念が再構築され、そこから考えた私の定番スタイルは、上下を組み合わせることすらも頭を使うレベルなので、2種類のワンピースに落ち着きました。とびっきりおしゃれをしたい日は、デザイン性のあるデニム素材のワンピース。リラックスしたい日はリネン素材のふんわりしたワンピース。

社会人になり、自分で服を買えるようになってから10年後の30歳。私は初めて1着の服に心から満足するという経験をしました。


ファッションに自分らしいテーマを掲げて、買う服をマニュアル化してしまえば、1着1着の満足度も高まります。そしてその中から選ぶ基準は究極にシンプル化する。すると、服との付き合い方がラクになるし、着ている最中も楽しくなります。

だって私たちは、ファッション番付で競い合っているわけでも、誰が一番おしゃれなのか決めるために生きているわけでもないから。今日という日を自分らしく、少しでも楽しく、幸せに生きることが大切なことなんじゃないかと思うのです。

ファッションの力は確かに存在するし、おしゃれをして過ごす時間の楽しさも知っているつもりです。でも、楽しい気持ちを通り過ぎて、悩みのタネになるのなら向き合い方を変えるべきときというサインかもしれません。

服を選ぶことを難しくしている理由をとことん削ぎ落として、毎日着心地のよい服で、とびっきりのおしゃれを楽しみましょう。

小さな「好き」「素敵」を集めながら
どんな1日を過ごしたいかをゴールにすると
世界にたった1つしかないマニュアルが完成する。

笑顔が素敵になるコスメを厳選する

美容が大好きすぎて、美容が大嫌いになりました。

私は外見コンプレックスのかたまりでした。生まれたときからある程度形状が決まっている顔の造形は、整形でもしない限り大幅には変えられません。でも、素敵な雰囲気をまとうには、メイクアップという武器がある。メイクのおかげで大嫌いな顔に自信が持てるようになり、目を見て人と話せるようになる。

この変化がやみつきになり、20代に入る頃には、コスメが私の持ち物の中で最も執着しているアイテムとなりました。

美容は、手をかけるほど美しさが手に入るし、ちょっとした変化で大きく印象が変わります。まるで中毒のように買いあさり、増えるほど「もっと私はキレイになれる」とのめり込んでいき……結果的に大きなメイクボックス2つがいっぱいになるほどの化粧品と、収納棚の2段を埋め尽くすヘアセットアイテムたちが揃いました。

それらを使いこなして楽しくヘアメイクできればよかったのですが、私の場合はたくさんあることがかえって苦痛になり、これらのアイテムを全て駆使しなければ美しくなれないと思うようになりました。

当時のヘアメイク時間は、メイク40分、ヘア30分。家を出るまでに合計1時間以上も必要で、始める前から既に面倒な気分。

独身時代はそれでもなんとか続けられましたが、結婚して子どもが生まれてからは、そんなに時間をかけることはできない。あっという間に大量の美容アイテムはタンスの肥やしと化し、私は毎日すっぴん＋お団子ヘアで暮らすようになります。鏡を見るたび自分の姿にがっかりし、今日は頑張ってみようと化粧品を引っ張り出すも、手間のかかるヘアメイクの途中に子どもがぐずって手が止まる。その繰り返しにイライラしながら中途半端なところで終わり、再び鏡に写る姿にがっかりする。元の姿も嫌いだし、やりたいことを達成できない自分も嫌い。

そんな毎日の中で、美容が生活の中で最もハードルが高く、難しいことになってしまい、あれだけ大好きだったのが、大嫌いになってしまいました。

1日の始まりに真っ先に鏡に向かい、ワクワクしながらメイクをして出かけて、相手の目を見て笑顔で話すことが大好きな自分もいました。

その頃夢見ていたように、好きな人と結婚して、待望の赤ちゃんを授かって、毎日を生きている。ところが想像と違ったのは、その毎日を楽しむどころか、やるべきことに押し流されて、大好きだった美容すらもただの面倒なことにしか思えなくなってしまったこと。

どうしてこうなってしまったの？　何がいけなかったんだろう？　どうして私はこんな容姿で生まれたんだろう。長男の産後は自分自身の姿かたちにがっかりすることばかりでした。

そんなある日、増え続ける長男の写真を整理するために、手元にある大量の写真を見返す機会が訪れます。小さかった頃の私の写真も雑多に紛れていたので、久しぶりにまじまじと見返しました。

するど、どの年頃の写真にも、傍らには私を愛おしそうに見つめるおじいちゃん、おばあちゃん、そして、父と母がいました。くしゃくしゃの顔で笑う私の横で、同じようにくしゃくしゃに笑っていたり、真剣な眼差しで積み木をする私をじっと見つめていたり。そのとき、誰かに顔をビンタされたみたいに気がつきました。「私、とんでもなく大事なことを忘れて生きていたんだな」って。

泣いていても笑っていても、どんな私であっても、いつも愛してくれる人がいた。たとえ世間一般で謳われている美しさとは違っても、そんなことは気にせず、生まれたときからずっとずっと誰かが本気で愛してくれていた。

そのことに気がついたとき、涙が止まらなくなりました。目先の美しさにとらわれて、素顔の自分に点数をつけて、マイナスを化粧品で覆い隠す。それができなければ「ブス」「価値がない」自分で自分を厳しく評価していたから、こんなにも美容アイテムに執着したんだ……。

泣いてる私を見て、まだ小さかった長男が、心配そうに駆け寄ってきた。「ママ、どうしたの?」と私の顔を覗き込む長男の顔を見たとき、ハッとしました。いつか長男が年頃を迎えたとき、自分の容姿のことで思い悩み「自分のことが大嫌い」そう言ったら、私はどれだけ悲しむだろう。きっとそんな姿を見たら、そんなこと言わないで! あなたはとっても素敵だよ。世間一般の美しさがなによ! あなたにしかない魅力があるんだから、自信を持って! と、間髪いれず熱弁を振るうだろう。

大切な人には言えるのに、どうして自分には言えなかったのだろう。こんなにも愛してくれる人がいるのに、私らしさを無視して「この子みたいに二重になりたい！」とか「この子みたいに色白になりたい！」とか、そんなことばっかり。

中学で初めてファッション誌を買ってから、鏡の前で悪戦苦闘する姿を見て、母はどんな気持ちだっただろう。自信が持てず思い悩む姿を見て、父はどんな気持ちだっただろう。自分が親になってから、初めてわかりました。子どもが自分自身の存在を否定して、自分のことが大嫌いと思いながら生きる姿が、これほどまでに辛いのか。

この衝撃的な気づきによって、私の中の美容の概念が大きく変わりました。美容とは、誰かの顔になるためのものでも、コンプレックスを覆い隠すためのものでもない。あくまで、素顔の延長線上にあって、その人らしい魅力を際立たせてくれるもの。

それから私は改めて、鏡で自分の顔と向き合いました。これまでは真顔の自分しか見てこなかったけれど、鏡の前でニッコリと笑ってみました。すると、すっぴんだからシミだらけだし、目尻やほうれい線にシワもあるけど、いい顔してるじゃん、と初めて思えました。頑張って生きてきたじゃん、とも。

前向きな気持ちでこの顔を活かして、メイクの力を借りるとしたら、何が必要なのか考えました。どんな形状になりたいか、じゃなくて、どんな表情で生きていたいか。私は幸せいっぱいなクシャクシャ笑顔で生きていきたい。だって、私自身も人の笑顔が大好きだし、心が表情に映し出されることを知っているから。そうすると、あれだけ厚塗りに全精力を注いでいたのに「ちょっとでいいな」と思えたのです。

そこから99%の美容アイテムを手放しました。今は小さな巾着に入る5つほどの化粧品と、ストレートアイロンのみでヘアメイクをしています。化粧品はベースメイク1つ、アイブロウ、アイライナー、アイシャドウ、リップクリームのみです。

アイテム数が少ないと、工程も簡単になり、メイク1分、ヘア3分、合計5分もあれば完了。次男が生まれてからの日々も、サクッと毎日ヘアメイクができるので、ご機嫌でいられます。

それまでのヘアメイクは、道具の力を借りて華美に変身することや、美しい造形に近づくことが目的で、一向に満たされることはありませんでした。今は、内面の美しさや日々の暮らしぶりが外側に現れることを知って、道具に依存するよりも、たとえすっぴんでもやさしい笑顔を忘れない人でありたいと思えるようになりました。


30代後半になって順調に老けてきて、隠しきれないいろんなものが顔全体に現れておりますが、今の自分のすっぴんも、手持ちアイテムで簡単メイクをした顔も、胸を張って好きだと言えます。

そして、1時間以上もヘアメイクに時間をかけていた頃と同じく、目を見て笑顔で人と話すことが楽しい毎日。

お父さん、お母さん、長くお待たせしてごめんなさい。私の姿に生んでくれて、ありがとう。

私たちは、そのまんまで美しいことを思い出さなきゃならないときがきた。何回も言う。そのまんまで、十分に素敵です。

第2章

帰りたくなる、おうち。

私は汚部屋時代、自分のおうちに対してほぼ100%の不満を抱いていました。

おうちの中に溢れるモノは、自分で買ったモノ、自分で持ち帰ると決めたモノばかり。そしてそれらを残すと選択したのも、放置していたのも、私です。それなのにいつも満たされず、暮らしにくいという不満の気持ちでいっぱいでした。


その後、持ち物の9割を手放しミニマリストになったわけですが、片づけの進みと同じペースでずっと悩んでいたこと、抱えていた問題が、1つひとつ解決していきました。

その経験から確信したのは、おうちはそこに住む人の人生そのものだということ。

おうちに対して不満ばかりだった頃は、人生に対しても不満ばかり。おうちに対して感謝するようになってからは、毎日自然とかかわる人、起こる出来事にも感謝する機会が増えました。

問題や悩みに真正面から向かっていき、解決するのはとても勇気がいります。もちろんそれができればいいですが、人生はそう単純ではあり

ません。かといって、そのままにしておくのはずっと苦しいままです。

外側のフィールドでは闘うようにしか解決できないことも、おうちというマイスペースの中でやさしく解決していくことができるとしたら、なんだかとても軽い気持ちで、前向きに向き合える気がしませんか？

たとえば私は、お金がない、合う仕事がない、自分は何もできない……ないないないない！　という不満に対して何かを増やしたり、変えたりしなくては、と闘うように解決しようとしていました。それが今あるモノを大切にしよう、今あるお金を大切に使おう、今の仕事で自分にできることを頑張ろうというように、頭の中が変わっていったんです。

私は、部屋を片づけておうちを整える醍醐味が、そこにあると確信しています。単に、片づける・モノを減らすということを着地点にするのではなく、人生に通じる大きなメリットがあることを理解すると、途端に片づけのやる気がみなぎり停滞してしまうときに背中を押す味方になってくれます。

というのも、片づけというのは、ただ単に捨てる・整理するといった行為ではないのです。手元に残すか、手放すかを繰り返し、答えを出すことで、決断力が身に付きます。

ときに、思い入れのあるモノの取り扱いを考えるときは、自分自身と対話することが必要になります。

これは、生きていると必ず起こりうるトラブルや、それによる悩み事と、どのように向き合うか、どのように対処するか、ときには、ほどよい距離を取っていったん放っておくのか、今の自分に合うベストな答えを導き出すことと同じプロセスなのです。

これが頭の中を整理するということ。頭の中を整理するとあらゆるヒト・モノ・コトをシンプルに捉えられるようになるので「余白」が生まれます。そこに幸せがおとずれます。

私自身、片づけと同時進行で長年解決できなかった人生の悩みが解決できたのは、おうちを整えながら身についたやさしくしなやかに向き合うチカラが支えになったと断言できます。

そして、目に映るおうちは愛する空間となり、目に見えないお金や自分への不安もなくなった。

「帰るのが楽しみになるほど、愛するおうち」が出来上がる頃には、「この人生で、よかった」と思えるほど、何もかもを受け入れて、愛せる人生が手に入るはず。

どんなことがあっても、この場所に帰るとホッとする。そんなおうちを作りましょう。

おうちは人生の舞台

人は、人生の3分の1の時間を家で過ごすのだそうです。このことを知ったとき、現在進行形で汚部屋暮らしをしていた私は、「えっ。てことは、私は人生の3分の1を汚部屋で過ごすことになるの⁉」と絶望しました。

大人になると、外に出ている時間も増えてきて、平日は1日の大半を会社で過ごし、休みの日はどこかに出かけたりもします。でも、外でどんな過ごし方をしようとも、最後に行き着く先は自分の家。そして、この部屋。

外での時間も刺激的だけれど、部屋での時間はとても特別なものです。外でまとう鎧を脱ぎ捨て、素顔の自分で過ごせる空間。感情の波に飲まれそうな日も、自分らしさを取り戻せる。家族と何気ない幸せな時間を過ごす。

毎日当たり前に過ごしていると、この特別さには気がつけなくなるけれど、おうちには全てが揃っていて、心置きなく過ごせる素晴らしい場所なんじゃないだろうか――。

そう考えると、自分の人生の大切な舞台は、このおうち。会社や外出先は、別カットでチラッと出てくるシーンに過ぎず、全ての中心がおうちです。その場所を大切にしないで、どうして毎日幸せに暮らすことができるのでしょう。

これって、栄養を摂らずに健康でいたい！　と願うのとおんなじ。人生の舞台であるおうちに不満を抱いたまま、住んでる私は幸せになりたい！　って、なかなか無理のある話。だって、おうちに不満を抱くということは、少なくとも人生の3分の1の時間、不満だらけで生きるということだから。

それに気がついたのは、汚部屋の片づけが終わり、整然とした空間で好きなモノだけに囲まれた暮らしを数ヶ月体験した後のこと。

汚部屋のときは、汚部屋と同じような毎日であり人生でした。そして、ミニマリストになってからは、その暮らしはそれらしく一変したのです。

周囲を見回しても、やっぱり部屋と住人はリンクしているように見えます。なんというか、おうちの雰囲気をそのまままとっている感じ。

私の両親やお友達はミニマリストではないけれど、みんなそれぞれ好きなモノに囲まれて楽しそうに暮らしています。持ち物の多い少ないにかかわらず、遊びに行くとその幸せが伝わってくるし、外で会ってもほっこりした気持ちになります。

これって一体何なんだろう?

汚部屋とミニマリストの両方を経験して思うことは、家の中で感じていることを、人生全体にも感じるということ。

汚部屋時代の私は、自分自身が選んだモノたちに対して、多くの不満を抱えて生きていました。そのときは、人生に対しても同じく、数えきれない不満があって、思い悩んでいました。ミニマリストになってからは、1つひとつのモノの選び方が変わったし、ともに暮らす持ち物に、感謝しながら日々を送るようになりました。

それと同時に、人生に対しても毎日経験する小さな出来事に喜びや感動を味わい、それらに感謝しながら幸せに生きられるようになりました。ミニマリストになって日々の小さなモヤモヤを片づけて、今この瞬間に集中するように感情や思考が変化したおかげだと思います。

いつどこで何をしていても、その人が感じている感情や思考が全てに影響するということ。日頃長い時間を過ごすおうちを整えて、それに準ずるように感情や思考が変わっていくのだとしたら、どちらを先に整えるとしても、よい結果につながるに違いありません。

感情や思考を変える方法はたくさんあるし、それで自分を変えることができる人はいると思います。でも、汚部屋時代の私にとって、長年にわたって染みついた考え方や生活習慣を先に変えるのは、難易度が高かった。

それに比べると、目に見える「おうち」という世界を整えていくことや、部屋に好きな景色を作っていくことの方が当時の私には取り掛かりやすかったのです。だっておうちは一番近くの環境だし、部屋に好きな景色を作るのは必要のないモノを手放して、好きの割合を増やしていけばいいのだから。

まさかこんなに人生が変わるとは思っていなかったけれど、結果的に部屋を本気で整えることが、人生を整えることにつながって、今があります。ここまで大きな力を持っているのだから、やっぱりおうちは人生の大切な舞台です。

片づけには、人生を変えるチカラがある。
おうちを整えることは
人生のあらゆる問題も整えることと同じ。

心が豊かになる趣味時間？

20代の頃、多趣味な性格で、人生が狂いました。ハンドメイド、海外インテリア、キッチュな雑貨集め、多国籍料理、お菓子作り……。とにかく何でも自分でやってみたい性格が故に、ちょっとでも興味が湧いたら、とりあえず関連の道具を買ってきてレッツトライ！
器用貧乏とでも言いましょうか、何でもそれなりにカタチにはなる。

たとえばハンドメイドでは、長男のヨダレかけ（現：スタイ）がうまくできたものだから調子に乗って、シャツ、ベスト、リュックを制作。海外インテリアは、初めは1冊の本を眺めて楽しむだけでした。けれど、徐々にカラフルでおしゃれなお部屋に魅了され、自分の部屋もこんな風にしてみたい！　と、ある日小さな置き物を買い、部屋に飾って火がついた。きらびやかなクッションカバーを10個近くハンドメイドし、同時進行でどんどん増えていく雑貨たち。

様変わりした部屋で、お次は「多国籍料理を食べたい！」とお皿を買い込み、調理道具を増やし、どんどん趣味の持ち物が増えていく……。結果、足の踏み場がない汚部屋になり、趣味を楽しむどころか、この部屋と持ち物をどうしようという新たな悩みが爆誕したのでした。

そこからの日々は「今日は休みだから、カラフルインテリアの中で多国籍料理を食べて、『アグリー・ベティ』（当時大好きだった海外ドラマ）を見よ～♪」と思い立つも、先は長い。まずはくつろぐスペースを作るため、様々な趣味の持ち物で散らかる部屋を片づけるのに2～3時間。それだけで消耗してやる気をなくし、結局いつもと同じ料理（増やした調理道具は使わずに）。『アグリー・ベティ』は楽しいけれど、なんか疲れていつの間にか寝落ち↓休日終了！といった感じで、日曜の夜は猛烈に後悔。散らかった部屋を見て絶望。多趣味が故に、休日こそかえって頭を悩ませる始末。

そして、追い討ちをかけるように大変だったのが、趣味の持ち物を手放すとき。いろいろあったけれど、一応それぞれに楽しい思い出が宿っているし、思い入れもある。それに、またいつか「やりたい」と思うときにイチから買い揃えるくらいなら、持っている方がいいんじゃないか？　という悪魔の囁きまで聞こえてくる。多趣味のせいで、こんなことになってしまった〜！！！　とミニマリストになるための本気の片づけ中、心の中で叫びましたよ。

そもそも「趣味」って、辞書では「個人が楽しみにしている事柄」と記されています。趣味を持つことが悪なのではなくって、暮らしの中にそっと「楽しみ」のまま存在しているのなら、日々に素晴らしい時間や体験をもたらしてくれます。でも、私のように楽しみが度を越して、悩みに発展するような付き合い方をすると、本末転倒してしまうわけです。

ミニマリストになるときに、趣味を捨てよう！　とは考えず「これからはもっと、趣味とうまく付き合えるようになりたい」と思いました。

それを探るときにヒントとなったのは、自分が趣味によってどんな時間を体験したいのか、趣味の持ち物はどれくらいの量だと心地よく管理できるのか。

私の場合は「とにかく何でも自分でやってみたい」が趣味の発端になります。忙しいのにどうしてわざわざ他のことをやりたくなるのか？　というところがポイントです。日常に飽き飽きしているから、刺激が欲しくて新しいことをやってみたい。でも、刺激を得られるのは最初だけで、また違う趣味を探し始める。しかも、そこに道具を増やすことがセットになっているから、よっぽど広いスペースでもない限り汚部屋になるのは当たり前。

そこで日常と切り離した趣味ではなくて、もっと毎日当たり前にやっていることを、まるで趣味のように楽しむことができれば、持ち物は減り楽しい時間が増えて一石二鳥じゃない⁉　とエジソンのごとく大発明をしたのでした。

0から作るハンドメイドは卒業して、残した小さな裁縫箱の針と糸で、毎日着ている服のほころびを心を込めて手縫いする（縫い方にもいろいろあって奥が深い！）。多国籍料理は卒業して、毎日いただくおみそ汁を丹精込めて丁寧に作る（出汁や具材で別物になる）。特別な道具がなくてもできる焼き菓子を作り、いちばん好きなお皿に並べてお茶を飲む。

こう書くとなんてことない過ごし方に見えるかもしれませんが、やってみると、もんっのすごく楽しくて、やみつきになりました。

どうやら私が求めていたのは、新しい趣味による大きな刺激じゃなくって、小さな楽しみだったようです。そして、その小さな楽しみに全集中し、心から浸る時間を体験できれば100点満点で、それこそが私の求めている趣味だったのです。

この答えにたどり着いてから、趣味の持ち物を手放しても、楽しい時間や刺激は失われないと理解して、安心して手放すことができました。

あの頃の私のように、楽しいはずの趣味の持ち物に悩まされている方は、趣味に求める時間や体験、得たい感情を棚卸ししてみてください。

それらは趣味に限定しなくても、実は日常的に体験できることかもしれないし、道具を増やさなくても実現できるかもしれません。

ゼロにするとか、無くすために趣味と向き合うのではなく、日常生活と趣味の両方を心地よいバランスで存在させるための答え探しです。

ちなみに私は、日常生活を趣味のごとく楽しむことも続けていますが、これだけは非日常の刺激として手放せない！　と大事にしている趣味は、紙の本で読書する時間。

ただし、やみくもにモノを増やしていた頃と違うのは、読書をする舞台であるおうちが美しく整い、目の前の本だけに集中できる時間であることも大事に考えている部分。また、どんどこ紙の本を増やし続けるのではなく、おうちという舞台の美しさと共存できる、小さな本棚に収まる量で最大限楽しむこと。そのために、読み終えたとき、もう一度読みたいと思うのか、そのときの旬な感覚を基準にして整理しています。

「これしか増やせない」と思うと物寂しいですが、整然とした空間で活字の世界に没頭する喜びを実現できると思うと、量を管理することのメリットの方が大きく感じられて、素晴らしい選択ができたと思えるのです。汚部屋で読むのと整然とした空間で読むのと内容は同じですが、視界に入る物量によるノイズや、「片づけなくちゃ」などと考え事がよぎる中で読み進めるのは、本の世界に没入する集中力に差があると感じています。集中して楽しく読み進めることができれば読了率も上がりますし、積読が増えていくことも回避できます。

これを推しのコレクションに置き換えると、管理できないと悩みながら見るコレクションたちと、悩みなしでただただ美しいと愛でる時間、どちらが楽しいでしょうか。ギュウギュウでほこりをかぶるグッズより、アートギャラリーのごとく美しく立ち並ぶグッズの方が、見ていて楽しくないでしょうか。

趣味が悩みになろうとしてきたら、今の暮らしの中でただただ純粋に趣味を楽しむにはどんな方法があるだろう？　と考えてみるのです。

その方法の中で最も効率的なのは、ちょうどよい量に減らすこと。なぜなら人ひとりが大切にできる量、愛でられる数は有限だからです。だから、私のように楽しみのために増やしたはずの持ち物に、悩みを抱える時間が増えたことに気がついたら、少しずつお別れの準備を始めるタイミング。

どれだけ手間や時間をかけても、それが少々大変でも、趣味に関する時間であれば幸せという境地なのであれば、それも立派な1つの楽しみかもしれません。ただ、せっかくなら趣味の時間は100%楽しい時間にしていきたい。だからこそ、楽しみ以外の感情が生まれたら、元のただただ楽しい時間に戻れるようにちょうどよい量に整えることも、趣味の一環ではないでしょうか。

かたちある物だけに趣味の楽しみが存在するのではなくて、どんな空間で、どのように体験し、どんなことを感じるのか。目に見えないことにも、多くの楽しみが隠れています。

趣味は本来、ただ純粋に楽しむ時間。
ちょうどよい量に調整できれば
もっともっと楽しい時間が待っている。

繰り返し読みたい、人生を変える本

どうやら私、本の使い方を大間違いしていたみたいです。だってほんの数年前まで、ラックの棚板が歪むほど隙間なく押し込まれた数十冊と、定員オーバーで床に積まれた数十冊、計100冊以上あるのに、まるで景色の一部みたいに見えなくなっていたんです。

本って確か、読むためにありますよね。読了している本は全体の3分の1にも満たなかった。それなのにAmazonを覗くと、人生を変えてくれるヒントが書かれていそうな本がうまい具合に表示されるから、ついポチッとしちゃう。街でも行きつけのリサイクルショップを覗くと、面白そうな本が200円とかで売ってるから、つい運命を感じて連れ帰っちゃう。

そんなこんなで、読まないくせにどんどん増えて、あっという間に古本市を開けるくらいになり、おまけに「育児が落ち着いたら読む」or「しんどい日にパッと開いたらお告げがあるかも」という正当な（？）理由まであるものだから、ま〜捨てられない！

何度もどうにかしなきゃとは思ったのだけど、まず当時の暮らし方では、どう考えたって本を読む時間がない。しかも、出会ったときの運命的な熱は冷めて、どんな本があるのかさえ把握できていない。それでいて見るたびに「読まなくっちゃ」と思って、やや追い込まれた気持ちにもなる。

本に対してなんて無礼な態度で暮らしていたのだろうと猛省しております。

さて。そんな無礼な私でしたが、小さい頃から読書が大好きだったんです。はじめての読書は、小学校低学年で読んだキュリー夫人の伝記。真っ白な紙の上に、ただひたすら連なる活字。自分がこれまで見てきた景色や記憶と混ざり合い、頭の中に本の世界が映像のように広がってゆく。この感覚がたまらなく好きで、本と一緒に生きてきました。

それなのにある時から、本との付き合い方が変わってしまいました。おそらく10代の後半だったように思います。高校を卒業して、私は美容の専門学校に入学しました。高校生の頃と大きく違ったのは、いよいよ「将来の夢」を現実世界で仕事にできるか否か、答えが出ようとしていること。

それを感じていたのは私だけではないようで、答えへの向かい方にそれぞれの個性が顕著に現れていました。既に才能を発揮して、自ら実現に向かって突っ走っていく人。やる気あるんかなって心配になるほどマイペースな人。

私はといえばその中間くらいの熱量で、頑張りたいけどとにかく自信がない。だって、人生通して全てが中途半端で、勉強は中の下だし、運動神経は最低レベル（運動会嫌いだった）。「きっとこれまでのようにうまくいかないんだろうな」って諦めることで自分の心を守っていました。

自分の心を守れば守るほど、周囲の大人たちが、すごい人に見えました。みんな夢を実現して、仕事で成功して、順風満帆。あんな風に生きるには、ひとりの人間としてものすごく魅力的で、ユーモアがあって、賢くて、努力家で。そうならないと、ダメ人間の人生になるんじゃないかと怖かったのです。

そのとき心の支えになったのが、本でした。それまで、勉強ができなくても、運動ができなくても、新しい世界へと導いてくれて、知らなかったこと、知りたかったことを、ずっとずっとやさしく伝え続けてきてくれた。私は平凡だけれど、面白い本を読んだら、面白い人になれるかもしれない。私は勉強ができないけれど、賢い人の本を読んだら、少しは賢くなれるかもしれない。足繁く図書館に通っては、今の自分に足りない要素を埋めてくれそうな本を借りてきて、お守りのように読みあさっていました。

やっぱり本は頼もしく、読書のおかげか無事に就職することができました。憧れの美容業界に入り、ヘアメイクアシスタントとしてデビュー。ところが、喜びも束の間、厳しい技術職の世界で、同世代のライバルたちとの競い合いが始まりました。

幸せとは、勝ち続けることなんだろうか。だとしたら、私には勝因となるなにかが足りない。その〝なにか〟を探すため、あるいは満たすために、いつしか本を買いあさるようになったのでした。

本を買うと、1冊に宿るパワーをもらえるような気がします。1冊買うごとに、レベル1→2と上がっていく気がします。これが私の、大間違いだった本の使い方の始まりです。

だから、買うくせに読まないんです。買うことで概ね役割を全うしてくれているから。それに、読むには時間が必要です。読書はいいってわかってるんだけど、他にやることがいっぱいあって、平日はおろか、休日のタスクにさえも読書の時間が入っていない。その期間があまりに長く続いたせいで、なにかを期待して買い続けた本の山が、部屋の景色の一部になってしまいました。

それが大きく変化したのは、ある午後のこと。生きるのがしんどくなって、景色の一部だったはずの本の山が、急に輝いて見えたのです。

読書から遠ざかり、実に数年ぶりに本を開いたら、あんなに失礼な振る舞いを続けてきたのに本はとてもやさしく迎え入れてくれました。何もかもがうまくいかなくなって、誰にも相談できなくて、辛くてたまらなかった私に、そのとき必要だった言葉を、ありとあらゆる角度から語りかけてくれました。

まるで本が「こんな方法があるから、やってみたら？」「こんな考え方もあるし、なんとかなるって！」と励ましてくれているようで、ただただ自信をなくして、絶望しか感じられなかった私の心を明るく照らしてくれました。

それからは、ただそこにあるだけだった本たちを片っ端から開き、一文字一文字しっかりと目で追いかけました。忘れたくない言葉を手帳に書き写したり、そのページに付箋を貼ったりして。

いろいろあった本と私ですが、以来、本とは人生の中で一番うまく付き合えている気がします。改めて、本が、読書が大好き。だからこそ、読まない本を長く手元に残すことはやめました。

著者さんへの感謝の気持ちを込めて、読み終えたとき「もう一度始めから読みたい！」と思う本だけを残し、小さな本棚にスッキリと並べられる量と決めて、大切に扱わせていただいてます。

素晴らしい本との出会いは
人生を変えてくれる。が、
読まなければ素晴らしいかわからない。

文房具は手軽に幸せを連れてくる

お店を開けるくらい、文房具をコレクションしていました。色や書き心地の違うペン。辞書の厚さほど束になったシール。地球一周できそうなくらい集めたマスキングテープ。メモ帳に便箋セットに、ノート各種。別に好きで集めたわけじゃないけどなぜか10本ほど持っていたハサミ。見つけるとつい買ってしまうのに、日常で全く活用できない。ほぼ減らない

のに、どんどん増えていく。累計10年ほどで、リアルに店開きできるくらいのボリュームになりました。

なぜ増えたんだろう、と考えたときに、当時の経済状況が浮かびました。

文房具には、夢が溢れています。汚部屋時代はとにかくお金がなかったから、相当頑張らないと高いモノは買えませんでした。でも体は、買い物のときに感じられる幸福感を知っています。手っ取り早い幸せと、いいモノが手に入ったという成功を味わいたい。そして、できるだけ多くそれを体験したい。故に、安価な文房具を買うことにたどり着いていたのです。

文房具は、1つ数百円ほどで買えます。しかも、服や美容アイテムのように失敗することが極めて少なく、大体は使えるから「いい買い物をした」と感じます。

また、サイズが小さいから、少し増えたところで、スペースへの影響が大きくありません。そうして高をくくって、気がついたらハサミ10本・スティックのり10本・両面テープ5個と文房具店の在庫みたいな品揃えになっていたのでした。日常的に使う頻度が高いから、足りなくなって困るシーンも想像しやすく、「ま、あっても困らないから、持っておこう」ともなりやすいですし。

だから、片づけを始めたものの結構最後のほうまで、文房具のストックは残っていました。初期の段階で、文房具はある一定量までは減りましたが、やはり「使えそうだし、場所も取らないし」が足かせになり、片づけの手はいったんストップ。その後、汚部屋中のいろんな持ち物とお別れをしながら、少しずつ自分の中に「心地よい持ち方」的な感覚が育ってきたところで、再び文房具とご対面しました。

正直、その頃かなり部屋がスッキリしてきて、各収納にも余白がいっぱいだったので、迷える文房具を残しておいても、特段問題はなかったんです。でも私は、新しい景色を見てみたかった。

「今は使わないけど、そのうち使うだろう」というなんとなくの持ち物が存在している部屋と、「好き」とか「使う」とか明確な理由のある持ち物しかない部屋での暮らしって、どんなんだろうって。

ここで言う「好き」とは、買ったときの「手っ取り早い幸せ」ではなく、心から一緒に暮らしていきたいと思う気持ち。「使う」というのも、「そのうち使うだろう」ではなく、暮らしの中で実際に活躍していることを意味します。

なんとなくあるモノは、たとえどんなに小さなモノであっても、真っ白の水に黒を一滴垂らすと、たちまち色が変わってしまうくらい周囲への影響が大きいのでは？　と思ったのです。

使わないけどなんとな〜く持ち続けていたペンを片手に握り締め、凝視したまま立ち尽くすこと5分。

ここで満足したら、きっと私は「小さいし、影響はないだろう」と見ないふりがクセになり、その1つを皮切りに「これくらいならいいや」が全体に伝染していく……。また元の生活、汚部屋に戻ってしまうかもしれない。

やってみたい！　やるぞ!!　新しい景色を見るんだ!!!

ペン対私の静かなる熱い抗争の後、意を決して、期待に胸膨らませて、えい！　と「使わないけど、使えるペンたち」とお別れしたのでした。

これで、また1つ部屋の中から持つ理由なきものが減り、好きor使うものたちの割合がグンと上がりました。ほんの少しの変化だったし、文房具は引き出しの中にしまっているから、そこを開かなければ見えやしないのだけど、私は知っている。あの引き出しの中には、本当に好きで、使う予定のあるモノしかないってことを。この爽快さったら、想像を超える気持ちよさでした。

なあなあになっていた持ち物と決別するドラマを乗り越えたことで、これはもしや、物質的な持ち物だけじゃなくて、人間関係だったり、1日の中のタスクや仕事にも同じことが起こるのでは？　と気がつく出来事にもなりました。

それはまたお話しさせていただくとして、文房具という小さな世界で触れた新しい感覚は、間違いなくどん底人生を変える新たな道標となったのです。

手軽な幸せが欲しいんじゃない。
どこを見ても美しい部屋の中で
とびっきりの文房具を使うんだ。

幸せに浸れる、思い出の品

思い出のモノ、全て捨てることができません。
でも、管理できません。もともと紙きれ1つも捨てられない性分でしたが、子どもが生まれてからはさらに加速しました。
子どもがいるいないにかかわらず、人は年々深みを増していきます。大切な人が遠く離れていくことや、今生の別れだって経験します。そうなると、今日一緒にいられること、約束して会えることがとても特別なことなんだって、身をもって知るわけです。

でも、忙しく暮らしているとすっかりそのことを忘れてしまいます。そんなときにふと、大切にとっておいた思い出宿るアレコレを手に取ると、殺伐とした現実世界に、これまで確かに存在した愛や幸せが呼び戻されます。今はいろいろとダメな自分だけど、それでも誰かが愛してくれていたこと、結果はどうあれ頑張って生きてきたこととかを思い出し、励まされます。

この、日頃渇望している感情がワッと湧き出る瞬間が、他の持ち物とは一線を画すので捨てることができません。だって、捨てるってことは、その愛や幸せも一緒に失うような気がするんだもの。

手紙とかプレゼントとかというわかりやすい思い出の品以外にも、思い出アイテムはあります。はじめての仕事で着た服（今は着ないけど）。女磨きを頑張っていた頃に使っていた化粧品（今は出番がないけど）。あのとき助けてくれた本（今は本棚の奥にあるけど）。青春時代に繰り返し聴いたＣＤ（ＣＤコンポ壊れてるけど）。などなど、自分の持ち物だけでも大量なのに、子どもが生まれてからの増え方は尋常じゃない。あっという間に成長していくのを目の当たりにするから、どんな小さなモノでも特別に感じます。保育園に通い出し、小学校に入学し、日々持ち帰る作品たちは地球上のどの芸術作品よりも価値が高い。それに加えて写真とそのデータは∞にあります。

思い出の品ミュージアムができそうなくらいのボリュームになってきた頃、「だから捨てられない！」と思っていた愛とか幸せを呼び戻す時間よりも「これどうしよう」「掃除が大変」など、イラッとしながら思い出の品々の存在確認をしていることに気がつきました。

でも、こう書いて改めて思いますが、思い出の品が捨てられない理由はそんなに悪いもんじゃない。むしろなんだかとっても素敵な理由にすら思えてきます。だって、誰かが自分のことを思ってくれた時間や、その気持ちを宿して贈ってくれたことって、とても幸せなことじゃないですか。

だからやっぱり、それなしでは暮らせない。反対に言うと、それがあれば、割と他のモノは何でもいいです！　ってくらいかもしれません。

そう考えると、思い出の品って家中のありとあらゆる持ち物の中でも、かなり特別な存在であることに間違いない。それなのに、見るたびに、負の感情を抱いているなんて……。

捨てられないほど大切に思ってるのに、増えすぎて、もう手に負えない～！

と、割と大きな悩みに発展した矢先、「思い出の品　捨てられない」と検索してネット上を徘徊していた最中に「月2000円〜　トランクルーム」なる広告が画面上に現れたのです。「神のお告げ……?」と思いました。

その2000円ほどのトランクルームは、押入れ半分よりもう少し小さいくらいでした。「せっかくだからもうちょっと大きいのがいいな」とさらに調べていくと、この計画に必要と思われる大きさを借りるには、月1万円は軽く超えることがわかりました。

そのとき一気に熱が冷め、我に返って思いました。「キリがない」と。

今思えば、これが神のお告げです。「キリがない」とは辞書を引くと「終わりがない・いつまでも十分にならない」などの意味があります。

際限なく増え続ける思い出の品を喜んで受け入れるけれども、その後にキリをつけないから、悩みに変わってしまいました。「今こそ、自分なりのキリの付け方を知るときではないか？」と思い至りました。「ここはひとつ、私でも無理なくできる思い出の品の取り扱い方を構築しよう」と。

「思い出カテゴリー」に入っている持ち物は多数ありましたが、そのほとんどは視界に入るまで存在を忘れているモノが大半です。もちろん、引っ張り出してきて過去に浸ろうと思えば、それはそれで幸せな思い出なのですが、すっかり忘れて生きている間にも、日々特別で忘れたくない瞬間は生まれます。だから、幸せや愛を感じる瞬間をわざわざ過去に限定することはなく、今の暮らしの中でも積極的に浸ればいいんじゃないか？　と気がつきました。

それこそが、思い出の品とやさしくお別れをするための第一歩。

そもそも、捨てる＝愛や幸せも失うと思っていたし、あのときにあの人からいただいた愛はもう二度と手に入らないと思って、ものすごく怖かった。

確かにそうかもしれません。もう二度と手に入らないかもしれないけど、今日1日だって、それに相当するくらい特別なんじゃないだろうか。だって、思い出って少し前に「今日」だと思っていた日に起こった出来事なんだもの。

失うのが怖いと思うのは、ある意味で、これから同じような愛や幸せにはもう出会えないだろうと予測を立ててしまっている状態。でも、そう予測するのは早いんじゃないか？　だって今現在、こんなに増えてどうしようってくらいの思い出の数々が、所狭しと部屋中に存在するのだから。

目の前に広がる思い出たちが「これからもたくさんの愛や幸せに出会えるから安心して大丈夫」と背中を押してくれたようでした。

それから、まずは視界に入るまで忘れていた思い出の品たちを手放すことにしました。その中でも特別な存在は、スマホ写真に残すことにして。

予想通り後悔にさいなまれるのか様子を見ましたが、全く「捨てなきゃよかった〜！」と思うことはなく、その後8年経過した今も穏やかに暮らしています。

初めの頃はスマホに残した写真の存在が心強く、そわそわする時に見返すと十分に懐かしみの効果を発揮してくれました。ただ、スマホ写真はどんどん埋もれていくので、やはり探し出さなければ、目に入ることがなくなります。

今ではこの写真たちも削除して大丈夫なんじゃないかとさえ思っています。

かたちあるモノを手放しても
思い出は心に残るから、
大丈夫。

思い出は、今この瞬間

視界に入るまで忘れていた思い出たちを手放した経験から、実物を失うことの恐怖が和らぎました。ややレベルアップした私が次に着手したのは、現在進行形の思い出である、子どもたちのアレコレ。

ひとまず、長男の幼稚園から小学校にかけての立体工作から。

恥ずかしながら、最新の作品を除き、ほこりをかぶっているものも多く、あらゆる収納タンスの上や、階段横の小さなスペースも埋め尽くされていました。思い入れが強いからこそうまく取り扱えない自分に嫌気が差し、母親失格だとさえ思ったりしました。

このときにもスマホ写真は心強かった。長男に作品を持ってもらって本人との記念撮影をして、壊れかけの大きな作品を数個手放すことにしました。が、決意の後すぐ作品に触れて、大泣きしました。厚紙を土台にして、割り箸やラップの芯なんかをセロテープでぐるぐる巻きにしながら、一生懸命くっつけたんだろうな、と、まだ小さな男の子の姿を想像すると、長男との愛しい日々にタイムスリップするような感覚になる。

そう、これこそが、手放せなかった理由なのです。自分の人生に言葉では到底言い表すことのできない、奇跡みたいな幸せが、確かにあったってこと。

今目の前にいる小さな姿は、来年には想像以上に成長した姿へと変わっているだろう。今日の私とこの子が、たった今過ごしているこの情景。その時間をもう一度味わわせてくれるから、子どものアレコレは特に思い入れが強いのです。

だけど、キリをつけるって決めたんだ。正直これが正解かはわからないけれど、1つ確かなことは、今ある思い出の品の量を私の力量では大切に扱えないということ。だから思い切って写真に撮って、分別するために1つひとつ泣きながら分解して、手放してみました。取り返しのつかないことをしたかもしれない。そう思いました。

でも、その後すぐに後悔を払拭する出来事がありました。それはなんと長男本人によって。

大きな立体作品を数個手放したことで、これまで物置と化していた階段横の小さなスペースに空きができました。そこで長男が嬉しそうに「隠れ家みたい！」と喜びながら、お気に入りの車や毛布を持ってきて遊び始めたのです。

その姿を見たときに、自分なりの思い出の品々のキリの付け方にハッキリとした答えが出た気がしました。いつまでも十分にならない感覚を、もう十分に幸せな時間で満たされていることに気がつくという方法で。過去に経験した幸せの力を借りなくても、今に幸せを見つけられる視点があれば、これからも日々心満たされて暮らせるだろうという気づきです。

捨てられない、捨てられないと、全てを残していたときは、どちらかというと今の暮らしよりも、通り過ぎた時間に思いを馳せていたように思います。失うことの怖さは、これからもう二度と経験できないかも、という取り越し苦労。肝心の「今この瞬間」が置き去りになっていたのでした。長男は今日も目の前で元気よく遊ぶ姿や、笑顔やときに泣き顔を見せてくれていて、それこそがいつか思い出として振り返りたくなる愛や幸せの正体なのではないだろうか。

この毎日の中で、過去の出来事で思い悩み、起こってもいない先のことを心配して、せっかくの特別な時間を台無しにしているなんて。もっと目の前で起こっている特別な愛に集中して、その幸せに心から浸ろう。そう思いました。

それからは今日1日を心穏やかに過ごせる部屋をテーマに、少しずつ思い出の品を手放していきました。

子どもの作品は、最新の作品を中心に「ここに置ける分」を目安に整理することにしました。もちろん本人の意見を尊重して、それ以上ある時期もありますが、私が勝手に思い悩んでいたときとは違って、ほこりをかぶったまま放置ということがなくなりました。

基本的には、立体工作はしまわずに目に見えるところに飾って楽しむ。平面的な絵は、長男が小学校時代に作ってきた作品バッグに入るぶんだけ、と決めています。

この経験をもとに、私個人の思い出の品も「この箱に入るぶん」と決めて管理しています。中身は、祖母や母からもらった手紙、父がくれた私の名前を考えてくれたときのメモ、友人がくれた誕生日カードなど。本人が心を込めて書いてくれた文字の筆圧が感じられるので実物で残すことにしました。

全てとっておくほど捨てられなかった思い出の品々と、1つずつお別れをするときに、心に決めたことがあります。後悔しそうになったときは「最善の選択をした」ことを信じて疑わないということです。

過去に読んだ本によると、あらゆる感情は本人が選んでいるそうで、後悔もその1つ。後悔しそうになったときに、それを甘んじて受け入れるといくらでも悲しい方向に気持ちは沈みます。

人間だから後悔しそうになることもあるけれど、「あのとき捨てて、取り返しのつかないことをしてしまった」と思ったら、そのときの自分は精一杯考えて手放すことを決めたのだし、その選択によって部屋が整い、今日も幸せに暮らしていることに気持ちを集中させます。すると間違ったことをしたのではなく、ただ間違った方向に気持ちが傾こうとしているだけなのだとわかります。

思い出の品の片づけをするときも、手放した後の気持ちの整理も「今日1日をどう過ごすか」という身近な範囲で考えると、自分にとってベストな選択が見つかります。

今日、幸せに過ごすには、いろいろとやることがあります。その中で大切にできる量が、思い出の品の適正量。

年を重ねて、ゆったりとした時間が流れるようになったとき、心の支えになる幸せが、必要な思い出だと思います。

今日も心地よく過ごせる量、大切にできる数でちょうどよく持つこと。

もしもあの頃の私のように、思い出たちとの付き合い方に悩んでいるとしたら、この話を思い出して1つひとつと向き合ってみてください。

思い出とは、今この瞬間の積み重ね。
今日1日を幸せに過ごすことを基準に管理して
後悔しそうになるときは最善であることを思い出して。

処分の仕方と捨てない選択

20代の頃の私のおうち（汚部屋）がどれくらい散らかっていたかといいますと、8畳ほどの空間でいつも移動に使う床の部分が小道のようにちらっと見える程度で、それ以外は物・もの・モノ。

全方位に家具が配置され、タンス、ラック、収納棚の上にさらに何かを積み上げるか、別の棚を上乗せ。

唯一、壁として姿を現している押入れの扉の前にも、積み上がった本やら別のラックの端っこが覆いかぶさっていて、天井からは複数の吊り下げ収納も駆使。

押入れの中も、一切の妥協を許さぬほどにモノが詰め込まれ、扉を開け閉めするのも一苦労で、ついには年中開きっぱなしの状態。

部屋は8畳とお伝えしましたが、人が活動できるスペースは1畳半にも満たなかったと思います。その部屋での過ごし方といえば、常にローテーブルの前の同じ位置に座り、身動きがとれない状態を保っておりました。

残念ながらマックスに散らかっている状態は写真に残しておらず、インスタグラムなどでご紹介する写真は数時間に及ぶ片づけを終えて、誇らしげに撮影した1枚。今見ると十分に散らかっていますが、当時の私にとっては「めっちゃキレイでしょ」な部屋の状態でした。

溺れそうになるくらいモノに囲まれていた汚部屋から、ミニマリストになるには、それはもうとんでもない量を減らさなくてはなりません。結果的に、9割のモノを手放したわけなんですが、どんな方法で部屋の外へ旅立っていったのか、具体的にお話ししようと思います。


まず、持ち物の半分は、リサイクルショップで一気に売りに出しました。衣類、バッグや靴などの服飾品、CD・DVD、本などなど、売れそうな状態のモノをひとまとめにして、数日に分けて買取カウンターへ。

そこまで状態が悪くなければ、大体は買い取ってもらえて、買取不可のモノでも無料で引き取ってくれるのがありがたかった。

正直、リサイクルショップは大量に持って行っても、よっぽど価値のあるモノでない限りは、大した値がつきません。持ち物の中に、少しはブランド品など、別の所であればもう少し高値で売れそうなものもありました。でも、これまで散々繰り返した、視界に入る度に手元に持ち続ける理由を考えてしまう自分の弱さを知っているので、手放すことと稼ぐことを切り離して考えました。

弱い私ですが、並々ならぬ覚悟で、人生を変えるために手放すと決めたモノたち。高く売ることを考えて、手間のかかるフリマアプリで1つひとつ売ろうとしたり、売れるまでの時間を共に過ごして、再びこの子が必要かもしれないと揺らいでしまったら、また同じことの繰り返しになってしまう。だから、最大の目的は汚部屋を脱して、人生を再構築することと心に決めて、プロが一挙に査定してくれるリサイクルショップを頼りにしました。

全て合わせて数千円の買取価格でしたが、快く引き受けてくださったお店の方々や、もしかしたら誰かがまた使ってくれるかもしれないという希望のおかげで、期待以上のおこづかいを得られたと喜びました。

だから、手元に残しておくうちに、手放す決意が揺らぐ方には、リサイクルショップがおすすめです。店舗によって買い取ってくれるモノや基準が違うので、持っていく前にホームページなどで調べてみてくださいね。


残りの半分の手放し方は、細かく分かれます。

まず、リサイクルショップに持って行ったおかげで、いくつかの収納家具に空きが出ました。別に残しておいても問題はなかったのだけど、目指すところがミニマリストなので、使わない家具は手放してみようと決意します。かなり大きな3つのラックと収納ボックスが空き、状態もキレイだったので家具専門の出張買取を依頼しました。ネットで予約した日に、2名のスタッフさんが家まで足を運んでくださり、その場で査定。合わせて1万円弱の値がつき、その場でお金を受け取り、軽トラックで家具を持ち帰ってくださいました。

あの日のことは、今でも忘れません。それまでは小道のようにチラホラ床が見える程度だったのに、3つも家具がなくなったことで、久しぶりに床材の木目をまじまじと見て、こんなに部屋広かったっけ？　と驚愕。この頃には部屋の様子は一変して、長い片づけのゴールが見えた気がしたのでした。


ここで1つ、私がモノを手放すときに気をつけていることのお話をさせてください。使えるのなら、誰かに譲ればいいのでは？　と思いますよね。初めは私もそう思いました。が、自分の持ち物を片づけているときに結構な確率で、誰かから譲り受けたものと遭遇していたんです。

だから、割と状態のいいモノがわんさか出てきたときにうっかり友達や家族に「これ、いる？」って連絡しそうになりました。

私だったら、親しい友達が「いる？」って連絡をくれて、割とキレイで少しでも好みと合致しているモノなら、使うか否かはおいといて「いる！」って答えてしまいそう。だから、グッと堪えて、連絡するのはやめました。

私は片づいてスッキリするかもしれないけど、別の場所で、再び使わないモノが生まれるという惨事が起こるかもしれない、と思い至ったのでした。

次に利用したのは、ペンや定規などの文房具、お皿やコップなどの日用品の寄付です。いずれも新品未使用〜ほぼ未使用で状態のよいもの限定ですが、必要とする方の元に届けてくださるボランティア団体に問い合わせをして、段ボール一箱分をお願いしました。

リサイクルショップでは文房具や日用品は基本的に新品しか買取対象ではなく、パッケージ付きが条件の場合もあるため、少しでも使ったモノは捨てるしかないと思っていました。使えるモノを捨てるという行為は、自分が招いた結果とはいえ、とてつもなく大きな罪の意識を感じます。でも、もしかしたら誰かが使ってくれるかもしれないという希望に心は救われるばかりです。

ただ、このとてつもない後悔は、その後の買い物の仕方に大きな変化をもたらしてもくれました。今でも中途半端な物欲で買い物をしそうになるときに、一連の出来事を思い出し、不要品になる可能性があるモノは、可能性が0になるまで買わないと心に決めたので。

最後に、全体の3割ほどは、捨てるしか方法が見つからないモノたち。40ℓの有料ゴミ袋10袋以上出しました。

ゴミの日に、両手にパンパンの重たい袋をぶら下げてゴミステーションに歩く道すがら、もう二度と繰り返すまいと固く誓いました。軽い気持ちで買い物をし、結果的に使わなかったモノたちを見ないふりしたまま暮らしていると、こういうことが待っているんだと身をもって知りました。

自分が決めて、選び、増やしたのに、いつしか不満を抱えながら1つひとつを見るようになる。少ししか使ってもらえずに、長い間放置され、挙げ句の果てに役割を終えたと家から追い出される。

私って最低のゴミ人間だな。これまで私のところに来てくれたモノさんたち、本当にごめんなさい。なんて失礼な振る舞いを続けてきたのでしょうか。この無礼をお許しいただけるような謝罪の言葉は見つかりません。

せめてもの罪滅ぼしに、これからは買い物をするときに本当に必要なのか、家に連れ帰って本当に活用できるのかを、もっと真剣に考えるようにします。

そして、連れ帰ったらできるだけ早く活用し始めて、感謝し、日々手入れをし、大切にさせていただきます。

ひとりで立派に生きているような顔をして、モノたちにどれだけ支えてもらってきたのだろう。モノに思いが宿るとしたら、使い手の取り扱い方で表情が変わるのではと思います。ぞんざいに扱えば悲しい雰囲気になり、大切に丁寧に扱えば「味わい深いね」と評されるような雰囲気が醸し出される。

大量の持ち物を手放したとき、今まで考えてもみなかった人とモノの関係性や、自分が軽い気持ちで犯した罪深さに気がついたのでした。

高く売ろうとしなくていい。キレイな部屋で過ごす時間はプライスレスの価値がある。

第3章

「適当」に、生きる。

私、今が人生で一番「適当」に生きてます。そのおかげで、汚部屋を脱してミニマリストになり、会社員から念願のフリーランスに転職し、大嫌いだった自分を受け入れて愛せるようになりました。

夢や目標を叶えて立派な人間として生きていくためには、常日頃から全力で努力を続けて、なにをしても完璧を目指すことが必要。それができる人が成功できるのだと信じていました。

けれど、自分はそんなこと一度だってできたことはない。だから今日もダメ人間なんだろうなと思いながら生きてました。

むかし、実家にてテーブル越しに座っていた父が「適当っていい言葉なんだぞ」と辞書を引っ張り出してきて、切々と語り始めました。

「適当」とは辞書によれば「ちょうどよく合うこと、度合がちょうどよいこと」などの意味が挙げられます。

私としては「手抜き・中途半端・だらしない」みたいな、ある意味で自分を表すような単語だと認識していたので、やわらかくてやさしい意味を持っていることにおどろきました。

続けて「だから、適当に生きたらいいんだよな」と、父。「なるほど」と思いながらも、そのときは深くは理解できていませんでした。

それから自らを「生きる適当」と、評するようになったのは実に数年後のこと。

汚部屋でいろいろとうまくいかなくなって、人生最高レベルの気合で片づけることを決意した日。目の前に立ちはだかる、物・もの・モノ。しかも全部必要そうに見える……！　無理。できない。諦めかけそうになったそのとき、第1章で話したようにバッグの中身に手をつけたことが、汚部屋卒業への記念すべき第一歩でした。

これってコトを分解していくと、初日からいきなり部屋全体を片づけるという、努力！　完璧！　で真正面から果敢に向かっていく方法ではなくって「そのときの自分にできること」を選んだということなんです。

つまり、自分にちょうどよく合う方法を選んだってこと。

ようやく、父の言っていた「適当」の素晴らしさに気がつきました。10年間も片づけられなかったのに、ちょうどよい方法を選ぶだけで、ゴールに向かうプロセスも楽しくって、いつの間にかすっかり部屋が片づいたんです。


もともと片づけが得意な人にとっては、どんなに散らかっていてもサクサク片づけられるのかもしれないけれど、私という人間は、片づけが苦手だから汚部屋になった。それなのにレベルの高い方法一択でゴールを目指せ！　って、ド素人に「プロ野球選手みたいなホームランを打ってみろ！」って言ってるのと同義じゃないですか。

それって、もともと鍛錬を続けてきた人や、突出した才能ある人にしかできないこと。もちろん私はド素人なのでできません（笑）。

野球のように自分とは別のことなら、フラットに考えて、自分自身との距離感を掴めるのに、自分の片づけや仕事のことで悩んでいる最中はとても断片的に物事を捉えてしまって全貌が見えなくなるほど悩むのは、ある意味そのことをとても真剣に考えているからですね。

達人のようには片づけられないし、仕事は平々凡々だけれど、適当に生きてもいいのなら、こんな自分も捨てたもんじゃないと思えてきました。確かに私にはダメなところがいっぱいあるけれど、「そのときの自分にちょうどよく合うこと」を選んでいけば、まだできることがたくさんあるはず。

輝かしい成功とは無縁だけれど、この地味〜な毎日も結構楽しい。

そうだ、適当に生きてみよう！　今できないって諦めかけていることを、自分にちょうどよく合う方法で、もう一度やってみよう！

「適当」のおかげで、部屋やモノだけでなく、仕事、自分自身の考え方も無理なく自然に片づけて整理することにつながりました。それからというもの、家事・育児・仕事・1日の過ごし方がどんどん変わっていって、30代後半、今が一番人生で幸せです！

さぁ、みなさんも、もっと適当に生きましょう！　安心してください、それでもちゃんと楽しくて幸せな毎日が送れますから。

非・丁寧な暮らし

暴露します。私は普段、ほとんど同じ料理しか作らないし、気が向いたときにしか掃除しないし、今もこれを書いている横で次男が盛大におもちゃを散らかしているけど「ま〜いっか♪」って見なかったことにしたばかりです。

暮らし系の発信をしていると、とても丁寧な暮らしをしている風に見えるようですが、私のような大ざっぱな人間にとって、丁寧な暮らしをキープすることのハードルの高さといったら……！

こんな大人になったらダメだと思っていたし、大人になったら家事も育児もうまくできるようになると思っていましたが、違うようです。


結婚当初は、主婦として腕を振るうなら鮮やかな食卓にしたい！　と頑張りました。いろんなジャンルの料理本を買って、その本にのっている調理器具やお皿を揃えました。本のレシピ通りの材料をスーパーへ買い出しに行き、帰ってきて、計量しながら順番に調理していって、何品か出来上がって無事に一汁三菜。よし、今日もちゃんと作ったから、いい奥様に近づいた。

そのうち、長男が生まれて離乳食スタート。育児をしながら、仕事復帰。毎日がどんどん忙しくなっていき、いつしか「料理マジめんどくさい」と思う日が増えていきました。仕事で疲れてるのにその足でスーパーに行って、休みたいのにキッチンに立って料理しなきゃいけない。イライラすることが増えてきて、お惣菜や出前の回数が多くなって、なんてダメなお母さんだろうと落ち込む。

そんな平日をなんとか乗り越え、土日は掃除をするチャンス。でも、体が動かない。掃除機を出して、雑巾を絞って、シンクを磨いて。それぞれの掃除道具を出してきて、あちこち違う方法で掃除するのが面倒で仕方ない。結局、土日もスーパーの惣菜で、掃除は来週に持ち越し。なんでいつもやるべきことが終わらないんだろう。いつになったらできるようになるんだろう。

日中離れ離れで過ごして、せっかく夜は一緒に過ごせるのに、やらなきゃいけないことが頭から離れなくて、家族の時間に集中できない。せっかく休みでゆっくりできたのに、やらなかったことに気を取られて、夜は罪悪感にさいなまれる。私がズボラな性格だからか、今は子どもが小さいからかなど、いろいろと理由は思い浮かぶも、得策は「もっと頑張る」しか思い浮かばない。

そんなとき、考えても夕食の献立が思いつかなかったので、長男に直接なにがいい？　と聞いてみました。すると「親子丼！」とのリクエスト。翌日も聞いてみると「親子丼！」と再び同じリクエスト。

え……飽きないの？　って心配になりましたが、長男いわく「好きなものは何日食べても飽きない！」との答えが返ってきたので、隣にいた夫にも聞いてみると「うん。好きなものは全然飽きない」。

私にはこの二人の言葉が、神の声に聞こえました。

このやりとりで、私は頼まれてもいないのに、毎日違う献立を必死で考えて作って大変になっていたことに気がつきました。考えて、買い物に行って、作るって、なかなかパワーのいることです。そこで、二人に聴取した好きなメニューで献立を固定にしてみよう！　と思いついたのでした。

確かはじめは、親子丼・カレー・ハンバーグ・スパゲッティ・ドリア、みたいなザ・男子なメニューのリクエストだったような。とりあえずメインだけは固定にして＋野菜たっぷりのみそ汁・副菜でしばらくやってみました。

もう、これだけでも毎回考えなくていいし、めっちゃラク！　しかも決まっているから、買い物も週に1回行けばいいし、途中からネットスーパーに切り替えたので、ますます労力を使うことがなくなりました。

仕事で疲れている日に買い物に行かずまっすぐ帰って、決まったメニューをササササと作ればいいだけ。それなのに「わ〜！　今日ハンバーグだ！」って喜びながら、美味しいって言いながら食べてくれる（涙）。今までの苦労はなんだったの!?

そうしなきゃダメ、そうすることがいいお母さんの条件だって自分で勝手に決めつけて、仕事と両立する大変さとか、休みたいよって疲れているのを無視して、歯を食いしばりながら続けていかなきゃならない。そんなの、楽しくないに決まってる。挙げ句の果てに「嫌いなこと」が出来上がる。

ここで「適当」を思い出そう。今続けていることで、辛いことはなんだろう？　それはもともと苦手なことだった？　どうして辛いと感じるのだろう？

誰かが提案する方法や常識に合わせる必要はないんです。自分にちょうどよく合う方法を探そうよ。

自分にちょうどよく合う
方法を探し続けて、
適当に、生きていこう。

ルーティンの計画化

献立を固定にしてからしばらく経ち、10年ぶりの出産で次男が生まれました。長男のときより早く仕事復帰して目がまわるほど忙しく、固定にした献立すらも作るのが大変になったので、私は再びライフスタイルが変わった自分にちょうどよく合う方法を探し始めました。

そんな中、次男を連れて遊びに行った実家にて、母が「この本いいよ〜」と教えてくれたのが土井善晴さんの『一汁一菜でよいという提案』（グラフィック社）。栄養バランスを考えるうえで、メインの他に副菜や汁物はそれぞれ別に作るものだと信じて早や30年。一汁一菜といえば、ごはん＋みそ汁＋おかず1品のことですが、土井先生によると、みそ汁を具だくさんにしてしまえば、あとはごはんで十分に一汁一菜になるということなんです。

「え!?　いいの」ってはじめは驚きましたが、妙に安心したんです。

1つを一生懸命作っておけば、あとは炊飯器が炊いてくれるごはんがあればいい。そのことを真剣に丁寧に一冊の本で語ってくださる方がこの世にいてくださることが、ものすごく嬉しかった。

土井先生はこうもおっしゃられています。

――一輪の花を愛でるようにみそ汁を味わう。

1杯のおみそ汁をいただく幸せを、ここまで美しく表現する言葉を、他に知りません。

少なくする、減らす、たったこれだけ。なにかの拍子に、「手抜き」という言葉で自分を罰しようとするとき、いつも先生の一言に救われてきました。

うちは育ち盛りの男の子が2人いるので、お肉や魚をメインに添えることも多いですが、忙しい平日は、お肉はオーブン・魚はグリルでただ焼くだけ。そこに2～3日分作り置きしている具だくさんのおみそ汁があれば十分な食卓。余裕がない日も、具だくさんのみそ汁があるからなんとかなる。

そう思えるだけで、バタバタと料理しながらイライラすることがなくなったし、手抜きしていると自分を責めることもなくなって、心穏やかに仕事と料理を続けられています。

そこから派生して、掃除の仕方も変えました。それまでは「掃除」という独立したタスクで、各場所ごとに違う道具が必要だったから、行動に移すときのハードルが高すぎてしんどいこと……。

それを日常生活にもっと溶け込ませるように、トイレ掃除は朝トイレに入るとき、その場に置いてあるクリーナーシートを2枚使って拭き掃除。

洗面台は朝洗顔するときに、そのまま素手で全体を洗い、顔を拭いたタオルの使わなかった部分でササッと拭き上げ。

お皿洗いのたびにシンクも同じスポンジでキレイに洗う。

お風呂は入浴して上がる前に気になる場所と排水溝を簡単掃除。

毎回やるのは面倒そうと思われるかもしれませんが、毎回やるから1回が1

分ほどの短時間で終わりますし、道具もシンプル。

さらに家全体の床掃除がラクになるようにマット類は全て撤去し、フローリングワイパーで全体を1周。ちなみに我が家には今、掃除機がありません。

あれだけ面倒で腰の重たかった掃除というタスクが、今では歯磨きのように自然に、無思考でできるようになりました。


料理と掃除。生きるうえで切っても切れない大切なことですが、既存の方法に縛られて、かつそれが自分に合わない方法だと、途端に重荷になってしまいます。本当は楽しいところもあるはずなのに、人生で最も忙しい仕事や育児の全盛期、手間のかかる方法と完成度の高さだけを求めたら、楽しさどころか、義務感が強まるばかり。

家事を「適当」にするためには、ここに書いた方法だけでなく、たくさんの方法が存在するから、自分という存在を消さずに、ちょうどよく合う方法を探してみてくださいね。そうすると「やらねばならないこと」による心の負担や、時間の消耗を最小限にとどめて、平日にもゆとりを残し、土日は「休む日」として機能し始めます。

そうして私は今日も、大好きな稲垣えみ子さんの『もうレシピ本はいらない』（幻冬舎）をゆっくりとほうじ茶片手に読んでいます。嗚呼、いい夜。

小さな「しんどい」が
ヒントになる。
自分を正解にすればいい。

収納って、難しい

わたくし、世界一収納にこだわりのない暮らし系インスタグラマーだと自負しております。持ち物の整理整頓および収納が、とてもとてもとても苦手ですー！　って、ちゃんと勉強しなさいよって声が聞こえてきそうですが、ひとこと言わせてください。だから私、ミニマリストなんです!!

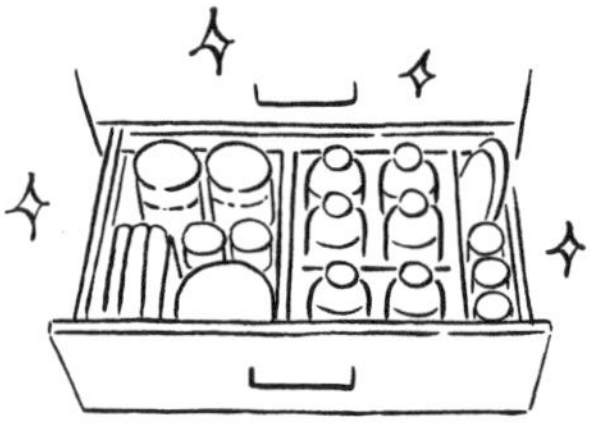

私はミニマリストですが、家族はそれぞれ価値観が違うので、家全体の持ち物はそんなに少ないわけじゃありません。ものすごく少ないわけではないけれど、増やしすぎないようにしているのは、収納のことを考えなくていいからです。

我が家は、賃貸マンション暮らしです。ミニマリストになってから3回引越ししましたが、賃貸って大体似たような収納がついてきます。靴箱、洗面台、システムキッチン、クローゼット、押入れ。基本、このもともとある収納だけに収まる量を意識して、持ち物を管理しています。

中に入れるモノが最大に増えたとしても、この中に収まる分まで。可能であれば、2~3割余白があるのが望ましい。

これを心がけると、収納で工夫を凝らさなくても、ほとんどただ並べるだけでなんとかなっちゃう。それに、なんといっても、並べるだけって美しい。だから私、ミニマリストなんです！

かくいう私も、過去には散々苦い思い出があるんです……。

実は、いまだに収納系の情報は大好き。次々に発売される100均の収納グッズには目を見張るものがあるし、散り散りに広がっていたモノたちが収納の中にぴったりサイズでシンデレラフィットする動画はクセになります。

だから私も、何度も挑戦したんです。SNSで見たものと同じ収納グッズを買いに行って、調味料たちを詰め替えて、中身がわかるようにラベリングしてみたり（筆記体でSugarとか書いたりもして）、衣類は縦に収納するのがよいと知って、引き出しの中で自立する仕切りを買ってきたり。

最初はすごく楽しいし、よい買い物ができたと大喜びするのだけど、なんせ長続きしないんです。

おまけに、調味料などを買い足すときに、収納グッズの中にシンデレラフィットしてくれない違う製品を買ってきちゃって、あれ？　入らん。イラッ。などの事件も多々あって、なんて自分には家事力がないのかしらと凹む。
加えて私、見えないと存在を忘れる人間なんです。引き出しやカゴの中に細かく並べるように収納すると、中身が見えなくなってしまいます。だから、たくさんあるモノたちを繊細に収納すると、はじめから存在しなかったかのようにすっかり忘れて、同じようなモノを買ってきてしまったこともあります。

そんなことを繰り返しているうちに、詰め替えたり、ぴったり収まるように工夫したりすることがとてもめんどくさいって思って、また別の方法を探し始める……という無限ループを繰り返し、心底思いました。

——私にはできん。

じゃあなにができるのさ？　って考えてみたところ、う〜ん。ただ並べるくらいなら、できるかな。てことで今我が家では、ほとんどがただ並べて置いてあるだけ。たとえばお皿や鍋は、キッチンの扉付き収納の中にただ置いているだけ。日用品ストックは、洗面台下の扉付き収納にただ置いているだけ。この方が、ひとつ扉を開ければ、なにがどのくらいあるのか一目でわかるし、ポンポン置くだけでまるでお店の陳列のよう。

収納アイデアも収納グッズも、うまく活用できるのなら、力強く暮らしを支えてくれます。ただ、活用できない人間にとっては、とても難しいんだ、これが。頑張ってみたけどできないから、そんなこんなで工夫を凝らさずとも、ただ並べるだけで問題なく暮らせるように、収納方法ではなく、その中にしまいたくなるモノとの向き合い方を変えてみることにしました。それが、不要品を手放して、日々活躍してくれる持ち物を厳選し、感謝して使うこと。

結論を言いますと、今私が収納について大事にしていることは、2つだけ。1つは、「家のどの辺に置こうかな?」ということと、もう1つは、「置き場所がパンパンにならないかな?」ということです。

まず、なにを買うにしても、家に持ち帰ってからの情景を思い浮かべます。昔は、特売だから3個買っちゃおうとか、夏に着たいから買って帰ろうとか、買うまでのことしか考えていませんでした。結果、ただでさえ持ち物が多いし、おんなじようなモノを既に持っているのに、また増えて収納パンパン→新しく収納を増やそうかなとか、どうにかスッキリさせられる収納アイデアはないかとか、例の無限ループにin。

今は洗剤1つ買うにしても、1つめの「家のどの辺に置くのか」をまず考えて、現状の収納棚を想像します。次に、2つめの「置き場所がパンパンにならないか」を考えて、今このタイミングで買うことがベストなのか、買うときには、製品の容量や数を空きスペースから逆算して考えます。

根底にあるのは、買って得られるものと同じかそれ以上に、収納のことを考えなくてすむラクさや、どこを開けてもスッキリしている気持ちよさにメリットを感じているってことなんです。

持っている量が少ないのなら、ただ空間に収めるだけでいいので収納のことを考えなくてすみます。ギュウギュウではなく余白を残した状態なら自然にスッキリします。

ところが選別せずになんでも買おうとすると、収納はあっという間にパンパンになってしまうので、また不要品を手放すことや収納について考えなければなりません。それは本来は好きなことに充てられたはずの時間も奪います。

だから、我慢して買わない選択をしているんじゃなくて、買わないという選択の先にある、スッキリした部屋で好きなことをする時間が見えているから、そっちの方がいいな~と思って買わないだけなんです。

だけど人の心には波があるから、昨日は気にもとめなかったモノが、今日はとても必要に感じたりもします。そんなときに「家のどの辺に置くのか」「置き場所がパンパンにならないか」のシンプルな基準を思い浮かべると、いつも通りの感覚を取り戻して、後々後悔しない答えが出せます。

ただ、1つ言いたいことは、私だってある日突然こんな風にできるようになったわけじゃないってことです。先述したように、収納に関して何回も失敗してきたし、今でも収納グッズを増やしてみたくなることだってあります。

この2つの基準ができたのは、そもそも失敗しまくったおかげです。

モノが多い状態では特に、収納関連で失敗を経験することも多いけれど、その都度、昔の私みたいに「自分だからできないんだ」と人間的な価値を紐づける必要はないんです。ただ今選んでいる方法が、ちょっと合わないだけ。失敗するということは、合う方法にまた一歩近づいているということだから、経験ゲット！　と思って、気をラクにしてくださいね。


持ち物を増やす楽しみや、増えた持ち物をどうしようか、と収納に工夫を凝らす時間も経験した上で、その反対側にある世界にも、十分な楽しさを見つけられました。

だからこそ、収納アイデアやグッズを見るのは好きだけど、実際に買うということとは切り離して、今の少ない持ち物を、ただそこに丁寧に並べて愛でる暮らしに満足しています。

買うのを我慢するんじゃなく、
余白が得られることを思い出して
買わない選択をする。

家族と共に生きる、家づくり

インスタグラムで発信を始めて2年。その間、投稿を見た数名の方から「ますみさんは、ミニマリストじゃない」とコメントいただいたことがあります。
おそらくその方は、家全体の写真や持ち物を見て「ミニマリストって言いながら、そんなに少なくないじゃん」と思ってのお言葉だったのかなとお察しします。

私自身、日頃からみなさんに「家全体の持ち物は、普通より少ないくらい」とお話ししているんです。

というのも、私がミニマリズムを徹底するのは、あくまで自分の持ち物だけで、家族の持ち物には基本干渉しないし、共有するモノの中で自分は特に必要ないと思っても、誰かにとって必要なら減らそうとは思いません。

家のことを考えるとき、私が最も大切に思っているのは、この場所で家族と仲良く幸せに暮らすこと。普段バラバラの1人ひとりが集い、どんな時間を過ごすのか、それだけを考えて暮らしています。

私も夫も在宅フリーランスで、私の仕事はパソコンがあればできますが、夫が仕事で使う持ち物は私物以上に必要です。子どもたちは、子どもらしくおもちゃが大好きだし、捨てることが苦手です。だから、私個人の心地よさだけでなく、それぞれの価値観とのバランスを考えるようにしています。

私は自分の人生を変えようと決意した後、大幅な片づけを実行し、それによって生活が一変しました。身をもって、普段過ごす環境から受ける影響の大きさを実感していますが、自分の持ち物だけなら思いのまま好きなようにできるけれど、家全体となると、そうはいきません。家族それぞれ違う個性や価値観を持っているから、ぴったり合うことなんてほとんどないんです。

ミニマリストを目指す過程で、これまで苦手だった片づけが楽しいと思えるようになったとき、自分の持ち物はサクサク片づけを進められるけれど、家族の持ち物は都度確認が必要で、そのほとんどは「まだ使う」という答えが返ってきました。自分はこうしたいのに、家族がいるからこれができない。あ〜思い通りにならないもんだな。

せっかくキレイにしようとしてるのに、なんで協力してくれないの！　と思うこともありましたが、そもそも私自身が汚部屋に住んでいたわけです……。

そんな中、久しぶりに実家に遊びに行きました。私が家を出てから、父と母のふたり暮らしです。一緒に暮らしているときには気がつかなかったのだけど、この家って、ふたりにピッタリの仕様になっている。

たとえば、リビングの隅に、父の肌着類を入れた収納ケースが置かれているんですけれど、これって普通に考えると変な配置です。2階に父の部屋があるのに、どうしてわざわざリビングに置くんだろうと考えてみると、父の仕事に関係がありました。

父は夜勤のある仕事をしているので、母が寝ている時間に身支度をしたり、帰宅して着替えたりするんです。家族とは違う生活時間帯の仕事を続けていくため、キッチンにある軽食をバッグに詰めたり、リビングにあるハンドクリームを塗ってから手袋をしたり、他の動作とまとめて着替えができるように、工夫しての配置ということがわかりました。

2人の中で、こうした方がお父さんが支度しやすいからここに置くのはどうだろう、と思いやりをベースに工夫した結果が、この配置。そう考えると、へんてこな場所にある収納ケースが、ばっちりのところにあるように見えてきます。

母といえばインテリアが大好きです。だからこそ、このへんてこにイライラすることはないのだろうかと観察していると、どうやら甘んじて受け入れているご様子。お父さんがそうしたいなら、そうしていいよ。私は私で自分の部屋とかキッチンで好きに楽しむから、という余裕さえ感じられます。

ちなみに父は、そうした母への感謝の表れか（？）母の大好きな場所であるキッチンに、母が好きな古道具をアレンジしたカウンターを手作りしてあげていました。私が目指したいのは、ここだなと思いました。

子どもたちと一つ屋根の下で暮らせる日々は、あっという間に終わってしまいます。そのときにどんな夫婦でいたいだろう。母のように相手への思いやりを忘れたくないし、父のように感謝を伝えられる人でいたい。

今私が住まいのことで、イライラモヤモヤしていることは、これからの2人にとってのよい訓練になるのではと思いました。

私がこうしたいと思うように、家族にもそれぞれの心地よさやこうしたいという思いがあります。私の思いを尊重してよ！　と叫ぶ前に、私は相手を尊重できているのだろうか。

大事なことを忘れて、目先のことにとらわれていることに気がつきました。だから、インテリアはどうだとか、どんな収納にしようかとか、捨てられないとか、モノが多すぎるとかでイライラして、その矛先が家族に向く。片一方の満足だけを考えた家で、それぞれが幸せに暮らすことができるのだろうか。なんだかそれは、違う気がします。

生活感がないモデルハウスのような住まいをロールモデルにすること、全ての持ち物がシンデレラフィットする美しい収納のハウツーを取り入れること。それは悪いことじゃありません。ただ、そのことに縛られてしまうと「あの人みたいな部屋にすると幸せになれる気がするから、片づけよう！」と思うときに、一緒に暮らす家族の顔を忘れてしまいます。

あの人みたいな部屋にすることは手段であって、幸せに暮らすことが私の本来の目的。この世にひとりとして同じ人が存在しないように、ここに集う家族に合った家づくりも、1つとして同じ答えはないのだとわかりました。

だから、相手に歩み寄り、お互いにちょうどよいところで答えを出していくことが必要だと気がついて、もう一度部屋の中を見回してみました。すると、目の前のアレコレは、大した問題ではなかったし、今すぐ答えを出すのではなく、家族みんなで少しずつ家づくりをしていこうと、焦る気持ちもなくなりました。

私的にはいらないだろうと思うモノでも、相手がとっておきたいというのなら、残しておくことにしてもそこまで問題ではありません。全て必要だと言う子どもたちの価値観だって、30歳手前でやっと片づけられた私の実体験から考えると、現在進行形で学んでいることが理解できるからです。

相手の気持ちに歩み寄り、今の自分にできることをして、相談しながら柔軟に動くことができれば家族みんなで家づくりができます。そうすれば1人ひとり心地よい空間で、家族となかよく幸せに暮らせます。

そう考えると、なんだか完璧ではない今の暮らしも、家族みんなでこっちかな、あっちかなと工夫するのが楽しくって、完成することだけが正解ではないような気さえしてきました。

いまだに住まいのことでケンカしそうになることもあります。その都度、なぜ私はそこまでこのことにこだわっているのだろう？　歩み寄ることはできないだろうか？　と自分と対話し思考を整理しながら、少しずつ、みんなにちょうどよいところで答えを出して、そうしながら、穏やかに暮らしています。むしろ、それ自体が一つ屋根の下で家族揃って暮らす楽しみかもしれない。

改めて、私はミニマリストですが、モノはそんなに少なくありません。

でも、それでいいんです。だって、今日も家族が笑って楽しそうに暮らしているし、そこに私も一緒にいられて、それがすごく幸せだから。

いつか人生を終えるときに、この人たちと生きてこられてよかったと、幸せに思い返せる、そんな家をつくりたい。

それこそが私たち家族にとっての「適当」かつ「正解」で、この家で過ごすことの醍醐味です。

理想通りの部屋もいいけど
そこで暮らす家族に
笑顔がなければ意味がない。

私が自分を見つけた日

思えば私の人生って、自分の存在まる無視だったな……。

「あの子みたいにキレイになりたい」

「あの人みたいに成功したい」

「ここに書かれてる育児をしなきゃ」

「素敵な女性にならなくちゃ」

いつも頭の中のアンテナが外を向いている感じで、みんなと同じ方向を見て、多数の意見を正解とし、目の前の世界よりもスマホの中の世界に夢中になって生きてきました。「あの人よりは下だけど、この人よりは上」と上下をつけて、「これが揃っていれば100点、これがなければ減点」と点数をつけるように人を見ていたんです。自分がそうしているから、相手も私をそう見ているだろう、そう思って人様からよい評価を得られるように着飾り、振る舞い、うまくいっている人のフリをしました。

片づいている部屋、頑張った日の料理、ばっちりおしゃれした姿。たまにしかないことを、まるで365日のようにSNSで披露する。そうでなければいけないと決めたのは、他でもないこの私。

この生き方が常習化していたから、うまくいかなくなったときも、原因が外側の世界にあるものだと思い込み、人のせい、環境のせい、社会のせいにして生きてきました。見当違いの場所を探したって、いっこうに答えは見つからない。

一生こんな感じで生きていくのだろうと疑いもしなかった日々に、思わぬところから解決の糸口を見つけることとなりました。

それは意外にも、部屋の片づけでした。

それまで散々買い物してきた結果、モノが増えすぎて汚部屋になったわけですが、そのほとんどの持ち物は「これを持てば、素敵に見られる気がする」「これがあれば、うまくいっているように思われる」という外側に向いた目線で、自分の好き嫌いやなんのために使うとか、そういうことは無視して選んで決めてきました。

それゆえに、自分が本当に好きなこと、反対に不快を感じることに、とても鈍感だったように思います。その繰り返しが、自分の人生なのに、まるで自分不在になっている状態を生んでいました。それらでパンパンになっている部屋を片づけるのは、買うときとは一味違う選択の連続でした。

何を残し、何を手放すのか。

これだけ大量にあるモノの中から、ほんの少しだけを選び、残す。安易に増やす買い物とは違って、どれを選ぶのか、なぜそれが好きなのか、どうして必要だと思うのか、それまで考えもしなかったことを自分に問い続けました。

こんなに自分のことを深く考えたのは、大人になってから初めてのこと。知恵熱が出そうになりながらも、なんとなくこの時間がこれから先の人生を変えてくれるような気がして、逃げずに向かい合ってみました。

はじめはやっぱり、前と同じ思考で、見栄えがいいとか、人にどう見られるとか、そういうことを軸に選ぼうとしていました。でも、それを残すために手放そうとよけたモノを見て、なんだか間違った選択をしているように思えてきました。

そうして、それまでの自分であれば、間違いなく流行のプラスチック製の収納ボックスを残すところが、古びた竹製の編み込みバスケットを残したいという結論に至りました。古びたバスケットを選んだのは、昔から実家で使っているモノだから。なんとなく母の存在を感じて、温かい雰囲気をまとっているように見えたから。

流行っているモノを持っている方が、ぱっと見の見た目はいいし機能性もあるはずですが、それでも「これからも一緒に暮らしたい」と信じて疑わない心が、バスケットを残すことに決めた大きな要因となりました。

また、私は文房具が大好きできらびやかなメモ帳やレターセットをたくさん持っていました。でもそれらを減らしてでも持っていたいと思ったのは、小さい頃におばあちゃんがくれたお年玉袋。えんぴつで「ますみちゃんへ　おばあちゃんより」と書かれている文字に触れると、今は亡きおばあちゃんとの温かい時間が呼び戻されて、忘れていたことを思い出させてくれます。


そうだ、「適当」でいいんだった。何者かにならなくてもいいんだ。私は私のままで、生きていってもいいのかもと思えたら、増やし続けたモノたちは、ほとんどが必要のないことに気がつきました。

これが、私がモノを持つ理由がハッキリとわかった瞬間です。

愛する人の存在が感じられるモノだけを持っていたい。この気持ちを忘れずに生きていけるモノだけ残して、ミニマリストになりました。

この大きな片づけは、物質的な「いる・いらない」「好き・嫌い」の選択によって、ほぼ消えかけている自分という存在に、パズルのピースを1つひとつ埋めていくような感覚でした。

すると、持ち物から派生して、仕事や育児、人間関係やお金、あらゆることに対して、新たな目線で向き合い始めました。驚くことに、目に見える持ち物と、実体がないように思っていた「こと」の扱い方は全く同じでした。

仕事をして働くこと。子育てすること。いろんな場面の人間関係。お金の使い方。それら全て片づけをしながら会得した「いる・いらない」で無駄を削ぎ落とし、シンプルに「こう生きていきたい」と望むかたちが浮き彫りになってきました。しかも案外、今のままでも満足できていることに気がつきました。

外側にばかり目を向けていた頃は、もっといい家に住み、大きな車に乗り、贅沢をして生活することが望みだと勘違いしていました。仕事とは、それらを実現するためにすることであり、そのためには成功し続けて大金を稼ぐ力も必要になる。頑張り続けなければいけない、これからもずっと。この考え方が、生きることをとても難しくしていました。

片づけというとても身近な出来事によって出会えた、私が本当に望んでいたこと。

持ち物は、愛する人の存在が感じられるモノが、ほんの少しあれば満足だ。たとえそれが古びていても、それすらも愛の足跡のように思えてくる。

仕事は、成功できるか否かはどうでもよくって、社内にひとりかふたり尊敬できる人がいて、ときどきお客様にありがとうと言ってもらえる働きができれば、十分だ。人間的に成長させてもらえる時間を、お金をいただきながら経験できるとは、なんとありがたいのだろうと思いました。

モノの取り扱い方が変わると、そんなにお金が必要じゃなくなりました。すると、頑張り続けなければならないと人生全体に漂っていた暗雲がすっかり晴れて、これからも私は大丈夫だと心にじわ〜っと安心感が広がり、背筋を伸ばし微笑みながら暮らせるようになりました。

毎日に、自分が確かに存在するようになった頃、パートで入社した会社から、正社員にならないかというありがたいお話をいただきました。

冴えない表情で与えられた仕事をこなすだけの毎日から、仕事への感謝が芽生えて、今自分にできることを最大限発揮しようという心情の変化があった矢先のこと。頑張らなくていいと決めた瞬間から、少しずつ心が元気を取り戻して、いろんなことへの意欲が湧いてきたときでした。

やらなきゃと思うと途端に腰が重たくなるのに、やらなくていいって思うと進んで行動し始めるのだから、人間って不思議ですよね。

生きるのが辛くなるときは、人生から自分の存在が消えかけていることのサイン。このサインに気がついたら、すぐさまやさしくあたたかく、どうしたいのかゆっくりと自分自身に問いかけてください。そうすると、大体のことはなんとかなるし、今でも十分幸せなのだと、思い出すことができるから。

負の感情は、人生を軌道修正するためのサイン。
外側に向く矢印を自分に戻して
やさしくゆっくり向き合えば、答えが見つかる。

世界一の相棒は、私

私は友達と呼べる人が3人。ママ友0人ですけれど、寂しいと思うことはありません。おまけに、今は会社を辞めてフリーランスになったので、仕事の人間関係はほぼ0。取引先とは基本オンラインでのやりとりなので、日常的に顔を合わせるのは家族だけという毎日です。

多いか少ないかは別として、私にとってはこれくらいがちょうどいい。昔はもっと交友関係を広げる方が楽しいのかと思っていたけど、疲れちゃってダメなんですね。もちろん、これが正解というわけではなくて「今日1日を健やかに生きる」ということを、こまめに調整してきた結果、今の人付き合いの仕方が一番しっくりきています。

寂しくないの？　休日はなにをしているの？　と聞かれることがありますが、私たち夫婦はどちらも在宅勤務で24時間ほとんど一緒。子どもたち2人も一つ屋根の下で暮らしているから、人のいない寂しさは感じることがありません。かといって、ときどき家に誰もいなくなったとしても、家中パトロールしながらいらないモノを捨てたり、小掃除したり、ゆっくりお茶を入れて窓辺で読書なんかをしていると楽しくって、あっという間に寝る時間になってしまいます。子どもたちが家を出たら、きっとこういう風に忙しく暮らすんじゃないかなぁと想像しています。

こんなことをいうと、人には全く興味がないように思われるかもしれないけれど、そういうわけでもないんです。

たとえば私はママ友と呼べる人はいませんが、子どもたちのクラスにいるお友達にはどんな子がいるのかなと気になるし、お世話になっている親御さんにはご挨拶したり、話しかけたりもします。公園で偶然居合わせた親御さんと、その場で子育てについて盛り上がることだってあります。ただ、それ以上に発展させようとは思わない。偶然ご一緒する時間はお互いが気持ちよく過ごせるように配慮して、爽やかに解散します。

ママ友がいなくて困らないですか？　とご質問いただくことも多いですが、長男が生まれてから10年以上経ちますけれど、本当に全く一度も困ったことがないんです。

会社員時代も同様に、仕事中お互いが気持ちよく働けるように、笑顔で挨拶をしたり、必要な会話を交わしたりすることはしますが、それ以上に関わろうと思ったことが一度もない。仲良しさんたちのグループが集まって楽しそうにお昼を食べていたり、休みの日にどこかに遊びに行ったりしているのを知っても、お昼休憩中は自分で作ったお弁当を食べたり、辻井伸行さんのピアノを聴きながら読書をしていたいから、ひとりが都合がいいんです。それに、休みは家で疲れを癒やす過ごし方が好きですし。

お友達と賑やかに過ごすことを楽しめる人、私のように一定数を超えると疲れてしまう人、世の中にはいろんな人がいますよね。だから、一括りにしないで、自分が心地よく付き合っていけるように工夫すればいいと思うのです。ママ友がいなくても、子どもたちはすくすく成長していくし、仕事関係の友達がいなくても、仕事はできますから。

人付き合いに疲れるのは、それによって忙しくなってしまっているか、合わない人と無理に付き合う時間のストレスが原因です。人生は有限だから、そこで頑張る時間や消耗するエネルギーほどもったいないものはない。それらを自分のために使うことができれば、ひとりだろうと充実して、寂しさよりもその時間の楽しさを感じられます。

苦手な人に合わせて消耗する時間も、NOを言えずに我慢し続けることも、相手云々ではなくて、本当の意味で自分のことを大切に扱っているかどうか。人間関係＝自分との関係性です。

自分が心から一緒にいたいと思う人は誰かを知ること。その人と過ごす時間をとことん大切にすること。そうではない時間を減らして、自分が喜ぶ時間を作ってあげること。それがどんなものかハッキリとわかれば、友達の人数とか、コミュニティごとの人間関係とかに翻弄されなくなっていきます。

私がこのことに気がついたのは、ミニマリストになって少し経ってからのこと。そのときはまだ会社員で、性格のキツい先輩と一緒に働く機会や、同僚から別の同僚の悪口を聞かされることが嫌で嫌で仕方なかった。ずっと我慢していたら、しまいに胃腸炎になるわ、親知らずは腫れるわで、とんでもない目に遭いました。心理学者のアドラーいわく「全ての悩みは対人関係の悩み」だそう。本当にその通りだなと思いました。

私はもともとNOが言えない性格で、いい人ぶってなんでも引き受けたり、聞きたくないのに一生懸命相槌をしながら相手をしたり、人付き合いは本当に不器用でした。だから、真正面からかっこよく「聞きたくない、やりたくない」とは言えなかったんです。それをするくらいなら、我慢している方がラクだと思って、10年以上、人間関係で同じようなことを悩んできました。

ミニマリストになるときにとことん自分と向き合って、自分自身の苦手なことや得意なことがなんとなくわかってきました。相手を変えることはできないけれど、これから先も同じことで悩んで、大切な時間やエネルギーを消耗するのは卒業したいなと思ったのです。

それに、あんなに汚かった部屋を、ここまで片づけられたんだから、人間関係の悩みだってなんとかできるかもしれないと、ほんの少し自信を取り戻すことができたんです。

だから、真正面から闘う方法じゃなくて、温風のようにふわ〜っとかわすという方法で、苦手な人と付き合うことにしてみました。

まず、ほぼ毎日聞かされていた愚痴の時間。いつもなら、はいはい、とベストタイミングな相槌をするものだから、相手も気持ちよく話を続けられたのでしょう。それを、意を決して相槌を封印。

相手の愚痴が始まる前と表情を変えず、頭の中は昨日読んだ本の内容を振り返ります。いい本だったなぁと思っていたので、やや微笑んだ表情だったかもしれません。そして、そのままほんのり微笑みを浮かべたまま、さ〜っと違う場所へ。相手の声が聞こえなかった、話しかけられていることに気づかなかったというフリをしたのです。振り返らなかったので、相手の表情は見ていませんが、それ以来私に愚痴を言いにくることがなくなったので、結果オーライ。

また別の日、やりたくないことを他人様にお願いする気の強い先輩から、私だってあまりやりたくないことを頼まれた日。それまでの私は断るという行為が、この世の終わりみたいな表情で意を決して伝えることだったんですが、世間話中のひと言みたいに「今これをやっているので、できないです～（ニコッ）」って脱力系で返答。なにかブツブツ言っていたけど、諦めたのか席にお戻りになったので、これも成功したのではと思っています。

もしも人間関係で悩んだり不快を感じていることがあるのなら、なんでそう思うのかをよくよく考えてみて、今の自分にできることで対処すると、案外簡単に解決の方向に向かうこともあるのです。

どこにいっても人間関係が繰り広げられるのに、昔の私は苦手な人が現れるたび、辞めるとか転職とかしか選択肢を見つけられませんでした。物理的に離れることもときには必要だけれど、せっかくその活動や仕事が好きなのに、人間関係を理由に将来を決めたり、楽しい時間が苦痛になるのはもったいない。

先々のことを考えると難しくなるけれど、「今日1日の仕事」とか「今日1日をどう過ごすか」という近くを見て、今自分にできること、楽しく過ごせる方法を、1つずつ選んでいきましょう。

大切なのは、今日1日を心地よく過ごすこと。
苦手な人とはほどよく距離をとって、
会いたい人や自分との時間を大切にする。

お金の取り扱い方

お金が世の中からなくなったら、ラクになれるのかな。20代後半、そんなことを思いました。

平日は朝から夜まで働いて、帰宅後ヘトヘトなまま夕飯の支度をして、洗濯機を回して。もう寝たい……と重たい体にムチ打って起き上がり、洗濯物を干して、明日の弁当の支度をして。

そんな毎日の延長でなんとか迎える、月に一度のお給料日。家賃に食費に税金に、前月にした買い物のクレジット払いが引かれたら、手元に残るのはほんのわずか。今月もこれしか貯金できない……と通帳残高を見て凹む。

いくら頑張っても毎月カツカツの自転車操業。いつまで続くんだろう。ゆっくり休みたい。お金の心配から解放されたい。ああ……しんど。社会人になってから、いつも同じように悩んできました。

それで、頑張ってきました。もっと稼げるようになるために、ビジネス書を読みあさって、移動中も成功者のラジオとかをずっと聞き流して、自分でもできそうなことを実践してきました。

そうしたら確かに、憧れていた分野の仕事を任されるようになって、それに伴ってお給料も増えていって、額面の数字は上がっていきました。

だから、お金の面はほんの少し豊かになったものの、いっこうに不安は消えないんです。社会人なりたての頃に目標にしていた金額を手にしても、老後を考えると全然足りない気がするし、今話題の資産運用とかをうまく駆使しないと、せっかく手元にあるお金をまるで無駄にしているような気持ちになる。

え……もしかして、もっともっと頑張らなきゃいけないの？

稼げるようになるために、ビジネスの勉強＋実践。

ちょっとでも賢く増やせるように、資産運用の勉強＋挑戦。

もうやだ。もう疲れた。今日生きることで精一杯なのに、これからもずっとずっと不安が消えるまで、頑張らなくちゃいけないなんて……。絶望。

私は幸せの定義を、モノや経験とセットで得るものと認識して生きてきました。コレを手に入れれば安泰だ。こんな贅沢な経験ができるなんて幸せだ、と。

この世の仕組みとして、ほとんどのモノを手に入れるとき、または誰かの手を借りて経験を手に入れるときは、必ずお金が必要になってきます。その仕組みの中で、幸せを得るためにモノや経験がセットで必要になるのであれば、この先一生、幸せを感じるためにそれ相応のお金が必要になってきます。

だから、これまでと同じライフスタイルと、価値観で生きていくには、私の場合はずっと同じかそれ以上に働き続けることがセットだったんです。

もちろん、買い物すること自体が悪ではないし、いろんなサービスを楽しむ時間は素晴らしい。ただ、それだけに依存して生きていくには、ずーっとお金を稼ぎ続けるか、働き盛りのうちに先回りして貯める必要がある。

それができればいいんですけど。でも、私はどちらかというと、30代の働き盛りのうちからもっとゆっくり読書をする時間がほしいし、忙しくしすぎて子どもたちの成長を見逃すのも嫌だ。そう気がついてから、拡大していこうと頑張るのはやめて、逆に、小さく、小さくしてみようと思い立ったのでした。

はじめは買い物するときに、学生時代のバイトで時給1000円くらいだったことを思い出し、たとえば3000円くらいの買い物をするなら「今日の3時間と交換するくらい欲しいのかな？」と考えてみました。

そうすると、まやかしの物欲はすぐ見破ることができるし、それでも欲しいと買ったモノは、大事に使うことができます。

また、私はつい減ることばかり考えてしまうので、それを叩き直すために、買い物をしてきたら小さなノートに「お金と交換して得られたものたち」という名目で、1つひとつ書くことを続けています。金額も書きますが、目的はあくまでどんな小さな買い物でも、それによって暮らしを豊かにしてくれていることをしっかり把握するためです。

得たものを数え始めたら、これまでやれ流行っているとか、ブランド品だとかでしか買い物の喜びを感じられなかったのに、スーパーで買う豆腐1丁、大根1本に、大きな喜びを感じられるようになりました。

今まで無意識に作っていたみそ汁。むしろ、面倒だなと思いながら作っていたみそ汁。どれにしようかな、と数ある中から目が合った豆腐を選び、素敵な佇まいから手に取った大根を使って作る。お出汁をとって、丁寧に切って、順番に汁の中へ。おみそを溶かし、どうかな？　と味見する。夫は喜んでくれるかな、子どもたちは飲んでくれるかな。そんなことを考えながら夢中で作る。そうして食卓に並べて、ひと口めの家族の顔を見る瞬間。

1本の映画かなってくらい、個人的にストーリー満載の時間なんです。

ハッとしました。派手で目立ったことでしか、幸せとか喜びとかを感じてこられなかったけれど、おみそ汁1杯を作る一連の流れの中で、求めてきた感動とか喜び、そして幸せを体いっぱいに感じているじゃないか。

この生活を続けてきて、もうたくさん稼ぎ続けなくてもいいのだと、心の底から理解できるようになりました。小さなことに喜びと感動を覚えて、それだけでおなかいっぱいの幸せを感じられる。

ただ我慢をして生活水準を下げたり、頑張ってたくさん稼ぎ続けるという選択肢以外の生き方を見つけられて、本当に心がラクになりました。

生きていくには、これからもお金は必要です。これからも買い物で娯楽要素を楽しみたいし、どなたかが提供してくださるサービスでしか感じられない喜びを享受させていただきたい。でもあの頃と違うのは、外側にある幸せだけに頼らずとも、内在する幸せを見つけたり、身近な生活の中で楽しむチカラが少しずつ育ってきたというところ。

もちろん貯金も、お金の知識を活かすことも大切です。でも、心の根底にある不安を払拭してくれるのは、今月いくら稼げるかとか、預金通帳の残高ではなくて、衣食住をシンプルに揃えられるだけあれば幸せだと思える、心のあり方ではないかと信じる今日この頃です。

そんなに心配しなくてもいい。
本日の衣食住は揃っている。
今日にも幸せがたくさんある。

頑張るのやめたら17キロ痩せました

私は片づけを始めてからミニマリストになるまでの半年間で17キロ痩せました。しかも、ダイエットらしいことは何もせず、気づいたらみるみるうちに痩せていった、という感じで。

なんでだろう？　とよくよく考えてみると、「もう頑張らなくていい」という結論に至ったことが最大の理由です。

まず妊娠して5キロ太り、その後みるみるうちに増えたのはストレスによる暴飲暴食。1日の中で空腹を感じる時間がない。ちょっとでもおなかが空けば、すぐ食べる。間食では、大好きなチョコレート。そりゃ、太りますよね。

食べているときの満たされていく感覚に逃げるように、いつも食べていました。そうしたら、身長157センチで70キロを記録……。

その間も、ダイエットは何度も挑戦してきました。でも、全敗。ちょっとは減るけど、すぐ戻る。それで自己嫌悪するという負のループ。

ミニマリストになる過程で、全方位に対して「もう頑張らなくていいや」「適当が一番」って腹落ちしたとき、同時に、ダイエットもしなくていいやって、大人になってから初めて思ったんです。このままの体型でもOK！　ただ、笑顔が素敵な女性になろうぜ！　って。そうしたら、もう空も飛べるんじゃないかってくらい、心が軽くなったんです。

それが顕著にあらわれたのが、食事の時間。

それまでは脳内で１２０％ダイエットしなきゃって思って生きてるもんだから、食事してるときに「これ以上食べちゃダメ」「カロリー高そう。太りそう」とかそんなことばっかり考えていました。だから、ひと口ひと口に全く集中していないんです。結果、すっごい食べてるのに食べてる気がしない。一時的に満腹にはなるけど、精神的満足度が低すぎて、また食べたくなる。

それが何年ぶりかってくらいに「トマト美味しい」とか「ちょっと味を濃くしすぎたかな？」とか、ひと口ごとの味わいを感じられて、食事の楽しみとか喜びを感じられたんです。それで、思いました。「食事した」って。

当たり前ですけれど、それまでは他のことに気を取られすぎて、ただ口に食べ物を運んでいるだけでした。その日、心から「ご馳走様」と手を合わせました。なんてことない自分で作った簡単な食事でしたが、ただ目の前にある食事をシンプルに美味しいとだけ思っていただいたこと、本当に久しぶりでした。

そうしたら、いつもはすぐにまたなにか食べたくなっていたのが、食べようって思わなかったんです。


私にとって食事は、まるで自分を罰しているかのような時間だったんです。痩せなきゃいけないのに、またこんなに食べようとしてる、と。それが、もう痩せなくてもいいのだから、なにを食べたっていいわけです。そうなるともう食事するのが嬉しくて。美味しくて。なによりの楽しみになりました。

だったら、もっと太りそうだって思いますよね。それが、あるときから、いつもの量を食べ切る前に、なんだかすごくおなかいっぱいだな、次の食事で食べようと持ち越すようになりました。そして食後は「食べちゃった」じゃなく「大満足」と思うようになり、心も胃袋も満たされるようになったのでした。

次に変化が現れたのは、間食です。それまでは間食かメインかわからないくらい、常にお菓子を食べていたのですが、食事の満足度が上がったおかげか、甘いものを食べたいと思う機会が減りました。

1食ずつの量が減ったことで、体が軽くなって、日中の活動量も上がっていきました。それで、夢中で片づけをしたり、長男と公園に遊びに行ったり、読書をしたり。

一日中、もっと素敵な人になるために「やらなくてはいけないこと」のオンパレードだったのが、このまんまでいいと決めたことで「やりたいこと」をしてもいいという風に変わりました。だから、日中に今この瞬間にやりたいことを選んで、楽しい！　嬉しい！　と体中で感じながら過ごす。その時間に夢中になって、すっかり食べることを忘れていました。

ある日、いつものパッツパツのスパッツが、ゆるゆるになっていることに気がつきました。洗濯に失敗したのかな？　と思いつつ、体重計に乗ってみると、1ヶ月で5キロも痩せていました。体重計が壊れたのかなって目を疑いました。だって、これまで痩せたいってあれだけ願ってきたのに、それを放棄してから痩せたんです。もう自分でもビックリ。こんなことあるのかって。

それからはみるみるうちに体重が減っていき、身も心も軽くなって、別の体と交換したのかなってくらい調子がいい。20代にずっと苦しんできたアレルギーの喘息や、月に何度もあった偏頭痛、手足を掻きむしってしまうほどのかゆみ、慢性的な体の重さ。全てが消失していました。

今となって思うのは、痩せたいって、誰のため？　なんのためにそんなに素敵にならなきゃいけないの？　どこまでいけば、成功したっていえるの？　このクエスチョンマークに、かつての私はなに1つ自分の言葉で答えを言えませんでした。大人になるにつれて、自分の人生の中に、自分不在で生きてきた。ダイエットもそう。生き方もそう。仕事も夢も全てにおいて。

今はハッキリと自分の言葉で答えを言えます。体型よりも、健康で元気に生きていることがなにより大事。どんなものを身に着けているか、何を持っているかよりも、とびっきりの笑顔でいたい。今この瞬間に身近な幸せを見つけられる心を持てば、私にとっては大成功！

ミニマリストになる過程で、一生懸命生きてきた毎日の中で背負ってきたことを、1つひとつ放棄してきました。その中で再び「私」という人を見つけて、やっと自分らしく幸せに生きられるようになりました。

あなたはどうですか？　目に見えるものと一緒に背負っていること、実体はないけれど自分に課していることが、悩み苦しみの発生源になっているなら、今すぐやさしくお別れしましょう。

外見は、心の一番外側の部分。
無理なダイエットがしんどいときは
心を磨けば自然と外側も美しくなる。

私の中を整理する片づけ

こんな人生しんどすぎる、もう無理。諦める前に片づけよう！　そう思ったあの日から、8年が経ちました。

ミニマリストが住まいのことを語る本……。きっとたくさんの片づけ方や、ハウツーが綴られていると想像された方も多いでしょう。読み進める中で具体的な片づけ方や収納などに関する内容に、あまり触れられていないことにお気づきかと思います。

そう、私がこの8年の間にしてきたことは、もちろん手放したり、整理整頓をしたりという行動だったので、ぱっと見ではただ懸命に部屋を片づけてきただけのように思われるかもしれませんが、実はその行動を通して、ずっとずっと自分自身と向き合い続けてきたのです。

10代の頃から長い時間をかけて、自分の中に積み上がった価値観や思考パターン。片づけを通して、それらをぶち壊してリセットし、0から再構築し続けてきて、今に至ります。

おうちを整えれば、感情や思考が変わっていきます。けれど、私の場合、どうしてこんな人生なの、どうして私だけうまくいかないの、どうせ私なんて……と、どこまでもマイナスな考え方がこびりついていました。これじゃあ、ちょっとやそっと部屋が片づいたくらいでは、人生なんて変わりません。

部屋が片づくだけで軌道修正できるなら、お金を払ってプロにお片づけしてもらえば、それだけで誰だってうまく生きられるようになるでしょう。以前の私も片づけとはただ捨てる、ただしまって整えることだと思っていました。でも結局、そのときは部屋が整ったとしても、自分の中にあるいろいろなことが片づいていないと、またすぐ部屋は元通りに戻るだろうし、世界の見方は変わらない。

10年間も片づけに失敗し続けてきたからこそ、人生最大の本気で挑む片づけは、ただキレイな部屋を得ることが目的ではなく、期待したのはそれ以上のものでした。「もうそろそろ、安心して生きていきたい」。そのために必要な物事の見方・捉え方・向き合い方を見つけたかった。

そのために、思い立てばいつでも始められる「部屋の片づけ」というとても身近な体験の中で、自分自身を叩き直すことに決めたのでした。

そう、私の中を整理する片づけです。

片づけられない時代の私には際限なき欲求が渦巻いていていました。家が狭いから、自分の持ち物をうまくしまえない。もっと大きくておしゃれな家がいい、広い収納スペースが欲しい、と。まさに、ワガママの極み……。うん、あの頃の私に、切々とお説教したい。生きているだけで不満が溢れ出てくるような自分が、嫌で嫌で仕方なかった。根拠はないけれども、この考え方を叩き直さないと、一生同じように生きていくに違いない。

際限なき欲求を止める思考とは……。考えついたのは、これまでとは反対側にある「制限があるなかでも徹底的に楽しめる自分」になること。

今の部屋でどれだけ楽しむことができるか。どれだけこの暮らしを好きになれるのか、片づけを進めながら思いつく限りのことをやってみました。

お金も時間も手間もかかる理想の大きな家への引越しを望む前に、今の家のいいところを探してピックアップしてみると、意外にも、現状の住まいにも数々の魅力を発見。しかも、持ち物が多すぎて管理できないストレスから、環境への不満が生まれていたことにも気づきました。

私はモノが少ない方が合っているようだとわかり、それで大幅に持ち物を減らしました。

すると、これまでとは一変して、学びと気づきのオンパレード。日頃から目に入る部屋の情景がほんの少し整うだけで、1日のなかで感じるストレスが格段に減り、身近な持ち物を「好き」だけに厳選することで、見るたびに小さな喜びを感じられるようになったんです。

部屋全体がスッキリして満足度は上がったのだけれど、それでもときどき弱い自分が顔を出していました。他の人のSNSで圧倒的におしゃれな暮らしぶりを目の当たりにしておしゃれなアイテムが欲しいと思ったり、うまくいっている人の暮らしをうらやんだり。誰かをうらやみながら、自分にないことを数えるのをやめるために、片づけをしながら、今の私にあるものがどれだけ暮らしの支えになっているか、逆になくなったらどれだけ不便になるかを考え始めました。

それで初めにわかったこと。私には住む家がありました。当たり前すぎて気づきもしなかったけれど、家のおかげで雨風をしのぐことができるし、冬は極寒の北海道でもぬくぬく生きてこられました。私ってもしかして、とんでもなく幸運に、生きてこられたんじゃないか？　生まれてからずっと続いてきた何気ない毎日は、実は奇跡の連続で、その結果、今日という日を迎えることができたんだ……。なんてことだ。

とてもありがたい暮らしのなかで生活できているのだから、それ以上なにを望む必要があるのだろう、このままでも十分に幸せじゃないかと気がついたのです。そんなことも見えなかった自分って、ちっぽけでかっこ悪い……。

「自分って小さいな。かっこ悪いな、でも十分幸せだ」と「ストン」って音がしそうなくらい腑に落ちた次の瞬間に、「それが自分。そのままでいいじゃん」と、まるでもうひとりの自分が呟くような声が聞こえて。そのまんまの自分をものっすごく久しぶりに直視したような感覚で、心が軽くなったんです。

このままでいいんだ、と思ったら、ずっとずっと頑張り続けなくちゃいけないと絶望していたこれからに、ポツリポツリと、小さな楽しみを想像することができました。成功して何者かにならなくても、たとえこの先発展することなく現状維持でも、今の時点で既に幸せがたくさんある。

私と家族を守ってくれる家があって、その中で安心して暮らせること。冷蔵庫にあるもので簡単に作ったごはんを、おいしいって言ってくれる人がそばにいてくれること。今日もこの目で、子どもたちの成長を見させてもらえること。生活を支えるための稼ぎをいただける仕事があること。ないないないと思っていた毎日には、安心して生きるには十分なモノが、全て揃っていたのです。

そしてやっと、見えるようになりました。私が見ていなかっただけで存在していた全てに、「ずっと支えてきてくれて、ありがとう」と心から感謝が広がり、決して揺らぐことのない、強い確信のある答えが頭に浮かびました。それは「もう十分」という言葉。もちろん、望むものが手に入ることは嬉しいけれど、もしも手に入らなくても、今の時点で、十分幸せ。

汚部屋の中で思い悩み、私の人生は惨めだと決めつけて生きてきたけれど、それはただ、自分が惨めに世界を見ているだけでした。それが当たり前だと思っていたから、視界に入っていたはずなのに存在を感じられなかったけれど、あると思って世界を見たら、幸せはそこにちゃんとありました。それに気がついてから思い返すと、どんなときも、そのときの自分にできることはあったし、できないと決めていたから、できることが見つからなかっただけでした。生きているとと日々湧き起こるお金や人間関係、仕事の不安や悩み。どうにも解決できないように感じてしまうけれど、それらのことも心と頭を整理すれば、自力で解決することができるんだ……。

そして、母とか妻とか会社員とか、そういうレッテルを取っ払って、ひとりの人間としてどう生きていくのかということも、私の中にあるものに目を向けて考えられるようになりました。

家の中という、地球規模で考えるととても小さな空間の中で繰り広げられた、私にとっては宇宙のように壮大な気づき。片づけという身近なテーマが教えてくれた、人生を変えるパワーワード「もう十分」という言葉。

大きな出来事も、特別な体験も、苦しい努力がなくても、日常の中には少し前の自分には見えなかった世界が目の前に広がっています。私は今、その中で幸せに生きています。片づけという行動を通して、心がざわつくときのチューニングのように、不安で頭がいっぱいになるときの思考整理ができるようになったからです。

そうだ。これができれば、きっと、どこに行っても、なにをしていても、同じように穏やかな方向に向かっていけるだろう。

こうして私は生まれてはじめて自信を持って言えるようになりました。

「大丈夫。これからも、安心して生きていけるから」

私も、あなたも。

おわりに

最後までお読みくださり、心から感謝いたします。

インスタグラムのフォロワーさん、編集の蓮本さん、ライターの深谷さんをはじめ、一緒に歩き続けてきてくれた方々のおかげで、ずっと夢だった本の出版ができました。本当に、ありがとうございます。

私は普段、インスタグラムでミニマリストの暮らしについて発信をしていますが、「夫婦関係・育児・お金・仕事・人付き合い」など、暮らしや部屋について以外のお悩みをいただくことがあります。詳細はみなさんそれぞれ違いますが、お返事の際に次のことを必ず最初にお伝えしています。

あなたには、もう十分に素敵なところがあるはずだから、
頑張り続ける必要はありません。
今はきっと心が疲れているだけ。だからまずはひと休みしませんか？
そして、心が元気になってきたら、
これからお伝えすることを試してみるのはいかがでしょうか？

そうお伝えすると、みなさんとても安心されて、ときには涙を流しながら続きのお返事を送ってくれます。

昔はみなさんと同じく、今の自分や環境を大きく変えなければ悩みや不幸が続いていくだろうと不安でいっぱいでした。でも、これまで書いてきたように、片づけを通して自分自身ととことん向き合い、今の自分にも既にたくさんの魅

力があり、乗り越えられてきた、だからこれからもきっと大丈夫だということに気がつきました。

私にだってできたのだから、あなたにだってできますからね。
そんなに心配しないで、安心してくださいね。

みなさんの心安らぐ幸せな時間が拡大することを心から願っています。

汚部屋になっても変わらずに、愛してくれたお父さんお母さん、
今日も一緒に生きてくれる家族と友人にも心から感謝しています。
人生いろいろあったけど、私は今幸せです。

2023年8月　ミニマリストますみ

窓辺の段差が お気に入りの 読書スポット

スッキリした部屋が一望できる場所だと、読書に集中できます。

本を支える置き物も、旅先で購入した思い出の品。

私にとって ちょうどよい 本の量

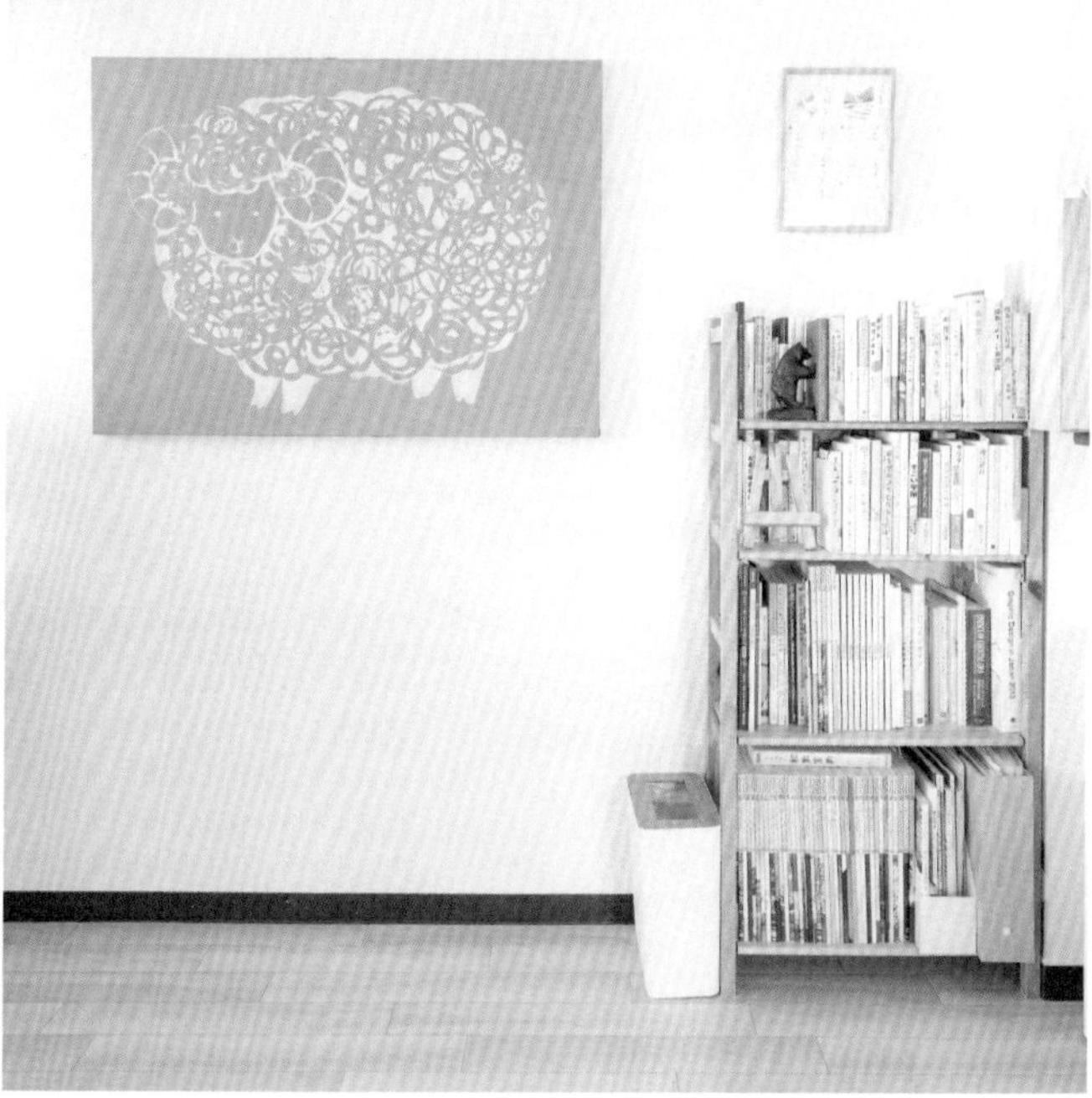

繰り返し読みたい本だけが収まる小さな本棚。

旅先の道端で購入した民芸品のふくろう。よく見ると中にもう一羽。

大切に管理できる分だけと決めた思い出の品

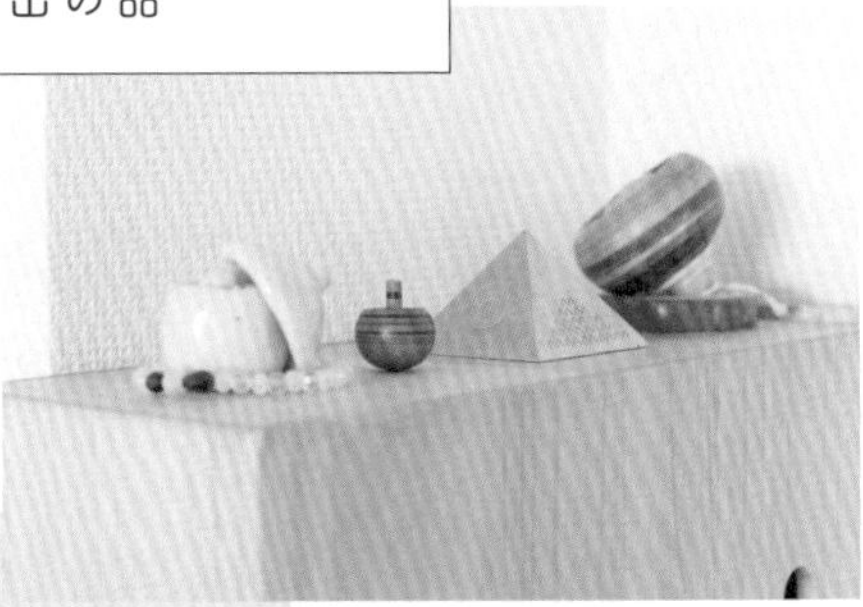

大好きな作家さんの作品や、旅先で家族と楽しむガチャガチャは、キッチンカウンターのこのスペースに収まる量だけ。

私だけの思い出は箱の中

モノをあまり欲しがらない私への夫からのプレゼントだったパソコン。
その空き箱、に大切な手紙や過去の手帳をしまっています。

子どもが園で作ってきた、成長の証である制作物。いつも目にするお気に入りのアート作品とともに飾っています。

子どもの最新作の楽しみ方

ミニマリストますみ

元々は汚部屋に住んでいたが、嫌いな自分を変えたいと一念発起し、部屋の片づけをスタート。片づけを進める過程で自分自身と徹底的に向き合い、幸せになるための方法を模索するうちにミニマリストになる。これまでの片づけで感じたことや、日々試行錯誤していることを中心にInstagram・Voicyなどで発信している。また、少ない持ち物だからこそ、大好きなものを使いたいという思いで愛用する品などを販売する「旅する羊」を運営。二児の母親。
(2023年9月現在)

Instagram：@minimal_kurashi
HP：https://tabihitsuji.base.shop/

私《わたし》の中《なか》を整理《せいり》する片《かた》づけ
幸《しあわ》せがおとずれる「余白《よはく》」の作《つく》り方《かた》

2023年9月26日　初版発行

著者　ミニマリストますみ
発行者　山下　直久
発行　株式会社KADOKAWA
〒102-8177 東京都千代田区富士見2-13-3
電話 0570-002-301(ナビダイヤル)
印刷所　図書印刷株式会社
製本所　図書印刷株式会社

●お問い合わせ https://www.kadokawa.co.jp/(「お問い合わせ」へお進みください)※内容によっては、お答えできない場合があります。※サポートは日本国内のみとさせていただきます。※Japanese text only

定価はカバーに表示してあります。

ISBN 978-4-04-606423-3 C0095